佐藤貴予美の

DIYで実現する
フレンチインテリア

Prologue はじめに…

小さいころから、インテリアが好きでした。
大人になり、念願かなって自分の部屋を借りてからは
家具や雑貨作りに夢中になりました。
それから20年間、結婚して、家族がふえても
相変わらず、部屋のあちこちに手を加えています。

でも今、私たち一家が暮らしているのは
築35年の賃貸マンション。
一人娘のさくらはまだ小さくて
部屋づくりにかけられる時間やお金には、限りがあります。
それでも、大好きなフレンチインテリアをかなえたくて
毎日少しずつ、家具を塗ったり、雑貨を作ったり――。

この本には、そんな私の日々の模様がえアイデアを
余すところなく詰め込みました。
賃貸にお住まいの方、フレンチスタイルが大好きな方
お金をかけずにインテリアを楽しみたいママたちにも……。

ページをめくって「これ、うちでもできそう！」って
1つでも多くのヒントを見つけていただけたら
とてもとても、とても、うれしいです。

佐藤貴予美

CONTENTS

chapter I p.7

ようこそ、わが家へ——

6年間、手作りを積み重ねて
ついにフレンチインテリアが完成！

chapter II p.21

個室も可愛くしつらえたくて

寝室・アトリエ・ベランダも
楽しく、居心地よく！

chapter III p.39

ナチュラルからフレンチへ——

わが家のDIYヒストリーを
すべてお見せします

chapter IV p.57

私流 フレンチDIY

おしゃれ家具・雑貨の
作り方を大公開

chapter V p.87

物づくりこそ、私のライフワーク

作家として生み出したもの
これから挑戦したいこと

chapter VI p.103

私のブログ写真より

本業・家事・大切な家族を
ちょっぴりご紹介します

chapter
I

ようこそ、わが家へ――
6年間、手作りを積み重ねて
ついにフレンチインテリアが完成！

わが家は、築35年の賃貸マンション。
メゾネットタイプの2LDKの間取りですが
47㎡の空間に3人暮らしは、決して広くはありません。
そんなわが家のインテリアを
少しずつフレンチ色に変えてきました。
まずは、その6年間の集大成をお見せしましょう。

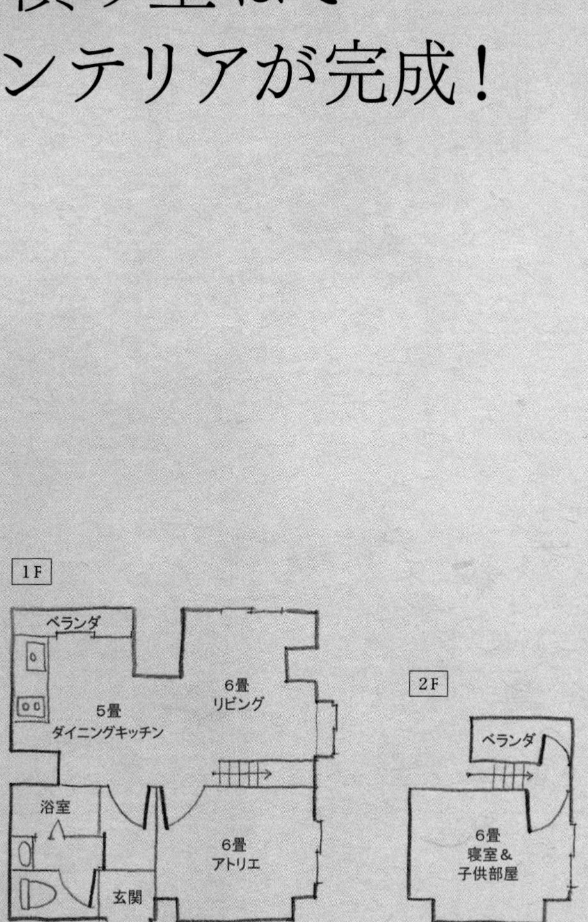

築35年の賃貸マンションを
フレンチインテリアにしつらえはじめて
かれこれ5年の月日が流れました。
まずは最新のリビングをお見せしましょう！

デコボコした
柱や梁《はり》…

味けない
アルミサッシ…

入居当時は…

マンション特有の柱やアルミサッシが、まだ目立っていました。ウレタン塗装された床は、マットで隠したり…。

テカテカした床…

Living room

リビングルーム

記憶の奥にある、実家のリビングを彩っていたシャンデリア。小学生のころ、その繊細な美しさに心を動かされました。それが、私がフレンチインテリアを好きになった原点かもしれません。「いつか自分の住まいをもったら、思いきり、インテリアを楽しみたい！」。中学･高校時代は、そんな夢を胸に秘め、アルバイトで貯めたお金で、好きな雑貨をコツコツ買い集めていました。

18歳で念願のひとり暮らしを始めた私は、大好きな部屋づくりにとにかく夢中に。木工、裁縫、工作と、ありとあらゆる手作りを楽しんでいました。何回かの引っ越しののち、縁あって主人と出会い、結婚。そうして越してきたのが、この築35年の賃貸マンションです。古くて、いろいろと制約もあるけれど、独身時代に培ってきた手作りアイデアを生かしながら、少しずつ、少しずつ、フレンチインテリアに変えてきたわが家。まずは、6畳のリビングをごらんください。

シャンデリア、ミラー、飾り棚…。5年の間に、フレンチアンティーク風の家具や雑貨をたくさん作ってきました。床に敷いた古材風のシートのおかげで、リビング全体がぐっとシャビーシックに。

Living room

模様がえをするときは
原状回復できるよう
工夫を凝らします。

リビングは、これまでに何度、模様がえをしたことでしょう。もちろん、そのつど賃貸のルール〝原状回復〟は守っています。古材風のクッションフロアや洋風の壁紙は、両面テープでとめているだけだし、壁面に何かを飾るときには、賃貸で許される程度の細いピンを使用。広い壁面をおしゃれに見せるには、〝立てかける〟という方法もあります。ルーバーやフェンスなど、本来はエクステリアで使う大物はおすすめ。部屋を一気にフレンチっぽくしてくれるんです。

着脱できる格子窓に大判のレースを重ねるだけで、素敵な窓辺に。２人掛けのアンティークソファは小ぶりなデザインが気に入って。

取り外しOK！

アルミサッシは、板材を組んで手作りした格子窓でカバー。釘打ちは厳禁なので、はめ込んで固定できるように。

レールは
両面テープで
固定

鉄製のフェンスに板材をつなげて作ったパーテーション。床に両面テープでレールをつけたので、スライドできます。

3台分を組み合わせて作ったディスプレイ棚。ベニヤ板、白木、モールディングという素材の違いも、ペイントで解決です。

テレビ隠しに

下段の収納棚には、テレビや録画機器を隠して。扉の裏側など、見えない部分のペイントは省略しちゃいます。

娘用の
収納スペースに

娘のおもちゃ類の収納にも。実はハムスターを飼っていますが、背板をつけていないので、換気の心配はいりません。

アンティーク風の大きな家具も
実は手作りなんです。

独身時代から数々の家具を作ってきましたが、結婚後は、大型家具も手がけるように。特に、ソファの対面の壁面いっぱいに組み上げたディスプレイ棚は、わが家で2番目の大作です。フレンチアンティークらしく仕上げる鍵は、モールディング(縁飾り)とペイント。扉やトップ部分などの装飾的な出っぱりと古っぽいニュアンスづけは、わが家の家具製作には不可欠となりました。そのコツは、第4章でご紹介しましょう。

Living room

1 取り出しやすいように、娘の洋服はキャビネットの下段に収納。5歳にして早くも整理整頓が好きな娘にとって、小分けできる引き出しはぴったり！　2 アンティークリネンなどを縫い合わせたソファカバーは、カーテンにしても。

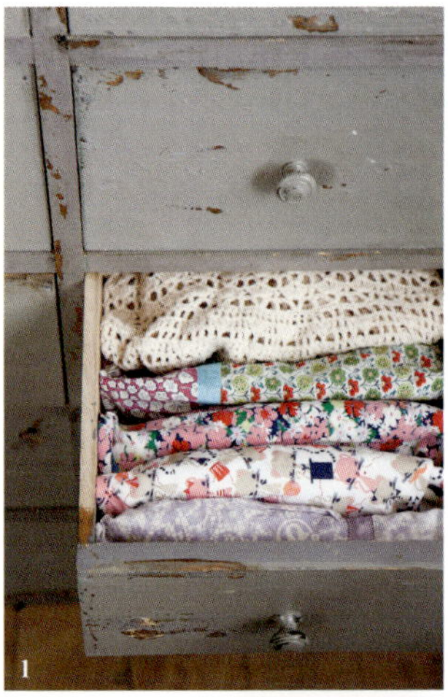

独身時代から、出窓や柱のある部屋が好き。
だから、このマンションを最初に見たとき
「あ、インテリアを楽しめる！」って
その場で即決しました。

両面テープで洋風の壁紙を張りつけた壁面。キッチンからは見えない奥まったコーナーは、ディスプレイをまとめやすいんです。

不動産屋さんの紹介で初めて足を踏み入れたとき、一瞬にしてここを気に入りました。メゾネットタイプで2階があると、集中して作業ができそうだったし、何よりリビングが、私の好きな凸凹の多い構造だったから。

「あの柱の向こうに、飾り棚を置こうかな。出窓にはどんなディスプレイをしようかしら」なんて、部屋のコーディネートがすぐに想像できたんです。部屋が光にあふれ、とても明るかったのも好印象。その場で主人に電話したら、ここに越すことを快諾してくれました。

実はもうこのとき、おなかに娘のさくらが宿っていたので、親子3人が笑って暮らせることも大切なポイントでした。その点、この2LDKは47㎡とコンパクトで、みんながお互いの気配を感じられて安心だなぁって。

5年がたち、あのとき直感したことは正解だったんだなと実感する毎日です。

柱の脇にすっぽり納まった飾り棚には、ホワイト系の食器を。本物のアンティークを1点交ぜると、全体がおしゃれにまとまります。カーテンに使った布は、1m190円。色合いにひかれました。

出窓は、フェイクグリーンやシートモスで森っぽくディスプレイ。窓枠は、アクリル板をモールディングで囲って製作。

LDKで11畳しかありませんが、家族が肩を寄せ合える小ささが好き。凸凹が多い間取りは、インテリアを楽しむのに好都合です。

1階

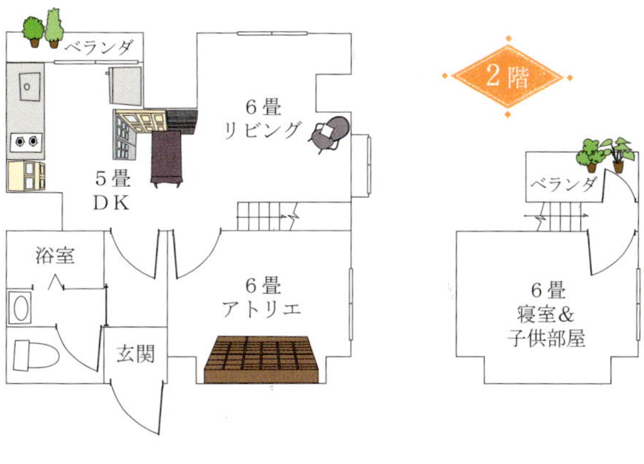

Dining room & Kitchen

ダイニングキッチン

DKは、玄関から入って真正面にあります。
わずか5畳ほどの小さなスペースだけれど
お客さまにも楽しんでいただけるように
ディスプレイを季節ごとに替えて——。

玄関から直結したダイニングとキッチン。5畳という狭さですが、家族や友人を最初に出迎える場所なので、ディスプレイには常に気をくばっています。入居したてのころは、白と木肌をベースにしたナチュラルなインテリアがはやっていたこともあり、カフェ風にしつらえていました。板壁の間仕切りやタイルトップのミニカウンター、古材の天板でリメイクしたテーブルなど、私の〝なんちゃって木工〟にまだ慣れていない主人は、どことなくラフな造りの家具たちに驚いていたっけ。

そのスタイルを2～3年楽しんだあと、冷蔵庫隠しも兼ねたパーテーションのリニューアルを機に、シャビーシックのほうへと方向転換。もともとあった家具はネットオークションで売り、新たにアンティークのテーブルや椅子を仲間入りさせました。

作れるものは作り、要所要所で本物を取り入れる——それがわが家流の模様がえ術です。

左ページ／
キッチンがお客さまから丸見えにならないよう、古い窓枠を角材でつないでパーテーションを手作り。ランタン風の照明は、キャンドル入れをリメイクしました。

1 3枚扉風のパーテーションは、大きな板の土台にモールディングを四角く張りつけるという単純さ。窓枠の間仕切りと直角に組んだら、本場パリの小粋な店のような雰囲気に。2 初代のパーテーションは、解体後、新しいディスプレイシェルフの材料に。飾るものは1500円の胸像など、現行品でもおしゃれ。

Dining room & Kitchen

収納扉の取り替えと同時に、茶色だったオープンシェルフも塗り替えました。手軽に家具をイメージチェンジできるのも、DIYのよさ。

2つ口のコンロに、小さなシンク。悩みの種だった収納は、わが家サイズのシェルフを作って乗り切りました。

賃貸住まいでは、妥協も時には必要。入居を決めるとき、小さくて収納のほとんどないキッチンには目をつぶりました。「DIYでなんとかなる！」なんて、正直、楽観的な気持ち。なにしろ、14年間のひとり暮らしで集めた、お気に入りの食器類を飾るには、自分で棚を作るしかなかったんです。

シンク脇の壁面に納まるシェルフ、冷蔵庫スペースにぴったり入る食器棚、小ぶりな壁掛け棚……。一つひとつ手作りして、ようやく雑貨を適材適所に納められるようになると、次の課題も見えてきました。LDKをトータルでフレンチにするには、古くて汚れた収納扉を取り替える必要があるなって。

モールディングを施したお手製の白い扉につけ替えたら、格段に見栄えがよくなりました。こうしてDIYで調整しながら、理想のフレンチインテリアに近づけていったのです。

1引っ越して間もなく、幅の狭い壁面に合わせて作った収納ラック。波形の飾り板や扉で、少し遊んでみました。2ベランダからの光の入り具合で、表情を変えるパーテーション。夕方には、趣のある陰影ができます。3デカンタなどのホルダーとしても使える小さめのバスケット。チェーンに引っかけて待機させたら、見た目も可愛くて一石二鳥です。4紅茶、お花、キャンドルのおもてなし3点セットは、まるいガラス皿にひとまとめ。

フェイクグリーンを
キッチンバスケットに
ストックして

あじさい、白バラ、マスカット…。どんなディスプレイにも重宝する植物は、フェイクが便利。最近はリアルなものがふえていますよ。

Sanitary & Entrance etc.

サニタリー、お手洗い、玄関を初公開！
小さくて古くて、いかにも
賃貸マンションといった場所だけれど
簡単な工夫で少しでも可愛く。

洗面所

何の変哲もない、ごく普通のサニタリーだけれど、季節の草花をちょこんと飾ると、無機質さが和らぎます。

トイレ

1ドアにつけたブリキ製のアルファベットやデコラティブなミラーで、少しだけおめかし。2収納がないので、ペーパーの予備は、床置きのブリキバケツに。玄関で余ったフロアシートを敷きました。3さくらが描いた家族3人の絵を飾って。目にするたび、気持ちがあたたかくなります。

どの部屋も、ほとんど理想に近いインテリアに模様がえしましたが、いっぽうであまりこだわらなかった場所もあります。サニタリー、お手洗い、そして玄関の3カ所は実用性を重視して、ごく標準的なもとの設備に、ほんの少し手を加えただけ。たとえば、コンクリートむき出しの玄関のたたきにテラコッタ風のフロアシートを敷いたり、お手洗いのペーパーホルダーをアイアン製に取り替えたり。もちろん、引っ越すときにはもとに戻します。

そういった簡単なDIYに負けず劣らず有効なのが、身近にあるもののディスプレイ。ミニグリーンや子供の絵は、リラックス効果抜群！　また、洗濯機を置いた生活感いっぱいの1階のベランダには、キッチンから見える箇所だけにフェイクグリーンを飾りました。インテリアは、頑張りすぎず、時にはちょっぴり気を抜くことも大切です。

1階のベランダ

1 数年前に作ったキッチンカウンターが、今ではベランダのプランター台に。植物のほとんどが実はフェイクですが、そのぶんたっぷり飾って楽しめます。2 ベランダの入り口脇に冷蔵庫を設置。パーテーションで目隠しして、玄関からは見えないように。

玄関

1 玄関に続く廊下の壁には、フックを取り付けて。窓がなくて暗いので、お客さまが来る日はキャンドルを灯《とも》すことも。2 ドアには手作りリースを飾っています。ホワイトナチュラルな色合いは、黒っぽい金属に映えるでしょ？

chapter

II

個室も可愛くしつらえたくて
寝室・アトリエ・ベランダも
楽しく、居心地よく！

LDK以外の個室2つは、どちらも6畳の小さな空間。
ドーム形の天井が珍しい2階の部屋は、寝室兼子供部屋に。
もう一方を作業部屋として、それぞれ使い勝手よく
可愛くなるように手を加えてきました。
風と緑が心地いいベランダもあわせて
すみずみまで、手作りのインテリアをご紹介します。

大好きなアンティークショップ『Found』の椅子は、アトリエにぴったり。

Bedroom & Kid's room

寝室 兼 子供部屋

6畳の寝室で川の字になりながら
ずっと思い描いていました。
ある日、ここにキッズハウスを作ったら
楽しいだろうなぁって！

小さな部屋を有効に使いたかったから、ベッドを処分してふとん派に。手作りの壁掛けシェルフにはテレビを、引き出しには衣類を納めて。

入居当時から気に入っているのが、メゾネットの2階にある寝室のドーム形の天井。古い賃貸マンションにしては珍しい、このチャームポイントを生かして、いつか何か作りたいなって、いつも考えていました。

キッズハウス製作のアイデアが浮かんだのは、さくらが生まれてから。それから4年間あたためつづけて、幼稚園の入園祝いにプレゼントしたいと思い、行動に移すことに。

イメージは、南仏の〝ひなびた田舎家風〟。ミニチュアや家具をいろいろと作ってきたおかげか、デザインはすぐに決まりました。

はしごや窓をつけて、おままごとスペースもつくって……。組み立てには約3日間かかりました。私が子供時代に憧れていたことを全部詰め込んで完成した、2階建ての小さな家に、さくらも大喜び！　毎日お友達を呼んでは、ここで元気に遊んでいます。

ベランダで雨ざらしだった板材を再利用して、漆喰を塗ったら味が出ました。芝生に見立てた緑色のフロアマットは、「IKEA」で購入。

はしご裏には「IKEA」で買ったおままごとキッチンを。この高さを基準に、1階部分をデザインしました。キャニスターは私のお下がりです。

1階

おままごとセットの横には
テレビやスピーカーが
隠れているんです

無機質な機器類をすっぽり隠せるのは、手作り家具ならでは。主人がサッカー観戦するかたわらで、私とさくらがおままごとをしたり。

さくらが存分に遊べるよう、1階には、おままごとセットを設置。お友達がやって来ると、みんなで楽しそうにはしゃいでいますが、1人でも、ここで黙々とすごすようになって。

その横には、テレビ台を製作。テレビはふだん、オーディオセットや録画機器とともに、インテリアのじゃまにならないよう、扉で隠しています。主人がスポーツ観戦したり、みんなで映画鑑賞するときだけ扉を開けます。

2階

娘のベッドスペースは
大人にとっても
楽しい仕掛けがいっぱい！

2階の壁はベニヤ板を張って、卵色に塗りました。壁面ディスプレイができると、〝個室〟感が増します。クッションも作りました。

ベッドの足もとには絵本棚を置き、いつでも本を読めるように。手作りしたベアやドールハウスなどをディスプレイしました。

キッズハウスなので、よろい戸は、元気で可愛い水色に塗りました。小窓は、おてんばなさくらのジャンプ台になってしまうことも！

1階でおままごと遊びをしたり、2階に上がって絵本を読んだり…。キッズハウスのペイントは、さくらも手伝ったんですよ。

子供って、小さな秘密基地が大好きですよね。だから2階は、さくらの〝個室〟になるように工夫を凝らしました。1畳ほどのスペースですが、二重窓を作ったり、ミルクガラスの照明をつけたり。ベッドマット、手作りのクッションを入れて、雑貨をディスプレイしたら、大人でもワクワクできる空間ができました。狭さがかえって心地いいせいか、私もときどき、ここで昼寝しちゃうんですよ。

Bedroom & Kid's room

〝リアルさ〟に
こだわりました

1

2

1 ハウスの側面につけたアイアンシェルフは、本物のアンティークを奮発！ フランスの民家の窓辺にあるような、素敵なプランター台のイメージです。2 2階の入り口には、フェイクのツタを絡ませました。ナンバープレートは、部屋番号風に。

大部分は
ベランダガーデンから
リサイクル

3

4

3 ランタンはベランダガーデンで使っていたもの。屋根と天井を兼ねる板材もガーデンの床板を再利用しました。4 二重窓もガーデンの名残。少し建てつけが悪いのはご愛きょうです。壁のコケは、「シートモス」で表現して。

「IKEA」のフロアマットを芝生に見立てて、家の前にガーデンをつくりました。おままごとは、私も童心に帰ってワクワク！

1階部分の土台ができたら
2階部分を組むという
けっこう単純な造りなんです

1 照明類は、コードをU字釘で固定するなど、ていねいに配線しました。2 2階部分を支える柱には、筋《すじ》交《か》いを取り付けて、強度も万全に。子供が数人上がっても問題がないように作りました。

このキッズハウス作りは、6畳の部屋に圧迫感が出ないよう、なるべく小さな子供用のベッドマットを選ぶことから始まりました。それに合わせて図面を引き、木材をカットしたんです。1階部分の土台ができたら2階部分を組むという、けっこう単純な造り。

使用した木材は、ほとんどがベランダガーデンの一部を解体したときに出たものです。テラコッタポットなど雑貨類も、ガーデンに飾っていたものを再利用しているので、製作費はほとんどかかっていません。

寝室ではずっと、親子3人がふとんに川の字になって寝起きしていたけれど、さくらが少しずつ、ここで1人で寝られるようになってきたのも、うれしい副産物です。

いずれ引っ越すときには解体するしかないけれど、キッズハウス製作は、これまでのDIYのなかでいちばん楽しい経験になりました。

ドールハウスがモデル

キッズハウスのモデルは、以前に作ったドールハウス。ツタの絡まる塗り壁やブルーのルーバーが、田舎家風でしょ？

アクセサリー製作のための小部屋。
ちょっぴり男性的だった雰囲気を
手作りの大型収納ケースで一新！

Atelier

アトリエ

インテリアが大好きな私ですが、実は、本業はアクセサリー製作。作品は主に、LD横の６畳の洋室で作っていますが、パーツや道具がふえてきて、既存の手作り家具には納まりきらなくなってきたのが悩みでした。

そんなとき、洋書の中の大きなアンティークキャビネットにひと目ぼれして。なんとか似たような雰囲気の家具を作れないかなと、写真では見えない部分を想像しながら、構造を分析して、製作に取りかかったのです。

それまで部屋に置いていた、手作り家具のほとんどを、ネットオークションで売却。ぽっかり空いた壁一面から寸法を割り出すのに、約１カ月かかりましたが、組み立てはじめたら、１週間のスピードで完成しました。

仕上げにステイン剤やワックスで着色したらグッと引き締まり、アンティーク調に。たっぷり収納できるキャビネットは、われながら、新しいアトリエの主役にぴったりの出来だと思います。

以前のアトリエの様子です。事務用の古い小引き出し、ロッカー風のキャビネット…。以前は、工場の作業場を意識して、ちょっぴり男性的にしつらえていました。

Atelier

脇役となる小家具や建具も
手作りしちゃいました。
とはいえ、アンティークの部材に
板を足しただけの簡単アレンジです。

アンティークの窓枠に角材などをつけ足して、全体を同じ色に塗り、パーテーションにリメイクしました。ガラス越しに見るアトリエが、いちばん好きです。

1 ハサミやシーリングスタンプなど、見栄えのする道具類は、キャビネットの引き出しにギャラリー風に並べて。2 アクセサリーは主に、娘が幼稚園に行っている間に製作。20代から60代まで、幅広い年代のお客さまに支持していただけて、うれしいです！

新作デスクの天板には、床材を代用。ペイントは、グレーの下地の上にミルク色を塗り、引っかきながらアンティーク感を出しました。

1

1 光があふれる出窓には、ガラス雑貨をあしらうときれい。フランス旅行で見つけたレースをカーテン代わりに。2 置くだけでさまになるミニトルソーは、アクセサリーを出品するときも大活躍！　古い洋書はまとめ買いしました。

2

メインの家具の次は、脇役たちにもこだわりたくなります。たとえば、アトリエの出窓は普通のアルミサッシでしたが、板材とモールディングで作った窓枠をはめて目隠し。作業用の机も、昔の階段の手すりを脚代わりにして、手作りしました。

さらに、アクセサリーパーツを使った手作り雑貨や、バラやレースカーテンなどをディスプレイ。目指していた、フランスの田舎町にある小さな工房のような趣になり、アクセサリー製作がますます楽しくなりました。

とはいえ、もともとこの部屋は主人と共同で使っているので、パソコンスペースや、主人の趣味のギターの収納場所も、きちんと確保してあります。夫婦がそれぞれの作業を進めながら、居心地よくすごせる場所——。私の好きなフレンチインテリアへの模様がえが成功した以上にうれしかったのは、そんな空間ができたことでした。

Veranda Garden

ベランダガーデン

1

2

実はフェイクのグリーンも
交じっています

3

賃貸マンションの4階ながら
わが家のベランダは見晴らしが最高！
オーニングを作ったら
小屋風の特等席ができちゃいました。

1ブリキのジョウロは水やり用だけでなく、花器としても。どんなグリーンもおしゃれに引き立ててくれます。2バーベナや多肉植物などで、野草が茂っているような趣に。日ざしが強いときは、手作りした白いベンチの下に避難させます。3あじさいなど、フェイクの植物もところどころに。手軽に、花の可愛らしさを楽しめるので便利です。

　4階建てながら、マンション最上階のわが家のベランダは、まわりに遮るものが何もありません。入居当初は、コンクリートの床とフェンスだけの味けない場所でした。2年目の夏、娘に水浴びをさせていたら、風通しがよくて気持ちいい空間だなと気づいたんです。

　それ以来、家族みんながくつろげるベランダにしようと、コツコツと手を入れていきました。イメージしたのは、ひなびた趣のある小屋。窓付きの板壁を取り付けて、直射日光を和らげるオーニングを張ってみると、小部屋のようなスペースが完成です。

　グリーンは、宿根草のワイヤープランツやハーブなど、丈夫で見た目も可愛い種類をメインに。長年使ってきた木の椅子、雨ざらしでさびた鉄製の小引き出しなどをあしらってみると、雰囲気がぴったり！　屋外に、第2のリビングができたって、家族で喜びました。

ベランダに出てすぐのコーナー。
デッキ、板壁、そしてオーニングを
取り付けたら部屋らしくなって。
雨風で趣を増した雑貨や家具が、
シャビー感を盛り上げてくれます。

奥のベランダスペースには、「IKEA」のテーブルセットを。一部を白く塗りました。トネリコなど背の高い植物が、庭らしさを演出します。

プランターカバー いろいろ

1大好きなラベンダーを、ブリキのポットに。小さな愛らしい花が素朴なプランターに合います。2水はけのよさを好む植物には、通気性のいいバスケットはプランターとしておあつらえ向き。風通しのいい開閉式の窓に取り付けました。3白い縁どりがキュートなパイナップルミントを、キッチンで使っていたほうろうのツール入れに。4もこもこ茂ったワイヤープランツには、古くなったケーキ缶を。英字のロゴを貼ってアレンジ。

フェイクを織り交ぜれば
プランターだけでも充分に
グリーンライフは楽しめます。

周囲に高い建物がないベランダガーデンは景色がよくて、日当たりも良好。けれど、夏場は強い日ざしのせいで植物が枯れやすいのが玉にキズです。そんなときは、手入れのいらないフェイクグリーンを活用。本物の植物のプランターと並べても、違和感なくなじむんです。簡単にボリュームをつけ足せますよ。

ポットやバスケットなど、古くなった雑貨がプランターとして使えるのも、楽しいですね。

Veranda Garden

Veranda Garden

ルーバーを立てかけたり、ほうろうのピッチャーにハートカズラを飾ったり。雑貨ショップのようなディスプレイを意識しました。

アトリエのデスクを作るときに余った階段の手すりも、無造作に置けば、立派な雑貨に。木箱は縦に使って、プランター台にしました。

奥のスペースには、休憩コーナーを。
緑と風の心地よさに
すっかりリラックスできて
リース作りがはかどります。

地植えを望めないベランダガーデンでも、植物が身近にあると癒やされますね。小さい葉っぱのハーブが好きです。

寄せ植えは
"中央を高く！"

バケツの寄せ植えは、山形に整えるのがバランスよく植えるコツ。中央のラベンダーを囲むように、アストランティアやオレガノといった花がうつむく植物を。縁に、横にはう性質のタイムを植えました。

フレッシュな緑や好きな雑貨に囲まれた休憩コーナーは、とてもリラックスできます。時間が過ぎるのを忘れてしまうことも…。

さらに奥のスペースには、テーブルセットを置き、ガーデニングの合間の休憩コーナーをつくってみました。

端材となったアンティークウッドを間仕切りに再利用したり、使わなくなったキッチンツールを飾ったり。あり合わせのものでも、けっこう可愛くでき上がるものですね。

何より素敵なのが、緑に囲まれながら、流れる雲や青空をここで眺められること！　昼間は、娘がベンチでお昼寝している横で手作りをして、夜は星空の下で主人とお酒を酌み交わすこともできるベランダは、家族のコミュニケーションの場でもあります。ランタンを灯《とも》すと、また雰囲気が変わるんですよ。

ここを模様がえするたびに出る、それまでのウッドデッキや板壁の板材。これらは、雨ざらしでいい味わいになっているから、ときどき、室内のDIYに再利用しています。

chapter

III

ナチュラルからフレンチへ——

わが家のDIYヒストリーを すべてお見せします

2008年、このマンションに越してきて２年たったころは
白と木肌の、ナチュラルインテリアだったわが家。
ちょうど2010年に、雑誌『私のカントリー』で
連載が始まったころから
好きなテイストがフレンチに変わっていきました。
第３章は、これまでのわが家のヒストリーです。

この曲線美にひと目ぼれ！
手作りのパーテーションと
相性がぴったりなんです。

2008年10月

入居1年後の様子。壁や天井の凹凸が、よくわかるでしょ？　素朴なカントリー家具が目立つリビングには、あまりフレンチっぽさがありませんでした。

シンプルなガラスシェードも、ナチュラルな雰囲気に貢献。コードをわざと長くとって、アクセントにしていました。

独身時代に初めて作ったテーブル。もとは80cmほどの高さでミシン台にしていましたが、脚を切っちゃいました。

初代のフェンスも木枠をつけ足して、衝立《ついたて》に。板壁に固定していたので、今のようにスライドはできませんでした。

CDラックは、各仕切りに「無印良品」のクリアケースがぴったり納まって。使い勝手優先のデザインでした。

〝社長椅子〞のような革の1人掛けソファは、独身時代からお気に入りのアンティークショップ「Found」で購入しました。

格子窓やフロアシートも
まだしつらえていなかった新婚時代。
独身時代のなんちゃって家具や
リメイク雑貨が活躍していました。

気になったら即、行動！

さくらをあやしながらも、気になった箇所はちょこちょこと修正。娘が赤ちゃんのころは、大がかりなDIYはなかなかできませんでした。

　結婚する前から、私がいろいろと手作りでインテリアを楽しんでいることに理解を示してくれた主人。「部屋は統一がとれていれば何でもいいよ」と言うなり、このマンションに入居するときに、自分が使っていた家具のほとんどを処分し、ゼロからの部屋づくりに協力してくれました。

　最初はとにかく、収納すらほとんどない部屋をどうするかで精いっぱい。私が独身時代に自作したテーブルやキャビネットなどの〝なんちゃって家具〞で急場をしのぎながら、とりあえずは部屋らしくできればいいかなって。

　社長椅子風の茶色いレザーソファを購入したり、CDが何百枚も入るラックを作ってみたり。当時は、カフェ風のインテリアやディスプレイが雑誌やショップをにぎわせていた影響か、わが家も「白×ブラウン」をベースにしたナチュラルカントリーでした。

冷蔵庫スペースにぴったりの食器棚や
シンクの壁を目いっぱい使ったシェルフ。
とにかく収納の少ないキッチンを
なんとかしたくて、木工三昧《ざんまい》の日々でした。

カフェ風を意識して

1 食器や調味料入れを規則的に並べると、カフェ風の雰囲気が出ます。2 玄関から直結のダイニングをどうアレンジするか、当時から試行錯誤。3000円のチャイルドチェアは白く塗り、部屋になじませました。3 アクリル板を使ったショーケースのような、緻密《ちみつ》さが必要な家具作りは主人におまかせ。私のデザインをもとに作ってくれました。

2008年10月

入居時、特にDIYが必要だったのはキッチン。毎日使う場所だけに、小さなシンクとコンロ、そして吊り戸棚の味けなさや収納の少なさを克服するのが、最優先課題でした。

まずは、ひとり暮らし時代から集めてきた可愛いキッチンツールや食器類を、飾りながら収納できるシェルフを製作。シンクの壁際にぴったりとはまるように寸法をとったので、ネジで固定する必要がありません。

コンロ横の冷蔵庫スペースには、木工で作った小ぶりのカップボードを入れました。ダイニングからよく見える場所だから、どうせなら可愛くしつらえたくて。冷蔵庫はベランダの入り口脇に置いて、板壁で目隠しをすることにしました。そうすると収納が格段にふえただけでなく、動線がよくなって一石二鳥。まだ荒削りでしたが、第一関門をクリアして、DIYへの自信が芽生えはじめた気がします。

ダイニングの脇にはサーバー用のカウンターを置き、カフェらしくしつらえたDK。テーブルは天板だけを古材に替えて、あとはペイントでリメイクしました。

冬のテーブルコーディネートは、ウールの小物やキャンドルであたたかみを演出。テーブルと同じ高さに作ったカウンターをつなげれば、来客時にも対応できます。

2009年1月

娘が小さくて目が離せなかったから
大好きな模様がえも、ごく簡単に。
手作り家具を配置替えしたり
塗り直したりするだけでも楽しくて！

1

2

1水仕事のときに、棚に飾った小さな植物が目に入ると、ほっと気持ちがなごみます。造花を組み合わせれば、リーズナブル。2100円雑貨のミニかごもハンギングすると、可愛いでしょ？　こんな簡単手作りが、暮らしを楽しくするポイントだったりします。

3

4

3ショーケースには、独身時代のフランス旅行で買ったカップ＆ソーサーなどを飾っていました。キャンドルを灯《とも》すなど、天板は季節ごとにディスプレイして。4当時は、大人数用のコーヒーサーバーがカフェ風インテリアの盛り上げ役でした。棚にもカフェグッズを並べていました。

入居２年目になると、新しい椅子が何脚か仲間入りするなど、だいぶ部屋らしくなってきました。とはいえ、もうすぐ２歳になる娘が、高い衝立を倒しそうになったり、家具の角におでこをぶつけそうになったり、だいぶ動きが活発になってきて目が離せず、思いきりのいい模様がえはとても望めません。

そんななかでインテリアを楽しむには、「ひと手間でできる」ことが大前提。たとえば、白かったダイニングの板壁をクリーム色に塗り替えてみたり、家具の配置を替えてみたり。それに季節感を少しプラスすると、家具を作り終えたときのような達成感が味わえたものです。たとえば、秋冬はキャンドルを、春夏はガラス雑貨を飾るなど、ほんの小さな工夫。今思うと、マイナーチェンジを繰り返したこの時期に、方向性が、ナチュラルカントリーからフレンチに変化していった気がします。

冬の朝の定番メニュー

野菜たっぷりの豆乳シチューなら、朝が弱くても食が進みますよ。材料は白菜、大根、にんじん、しめじ、里いも、豚バラ肉、水、豆乳、コンソメ、ローリエ、塩・コショウなど。お好みでバターを入れると、まろやかさが増します。豆乳は沸騰させないようにご注意を。

2010年3月

アンティーク風にリメイクした照明、飾りドアにグレーのキャビネット…。好みのデザインや色合いも、どんどんフレンチ寄りに。

白いクロス壁が物足りなくなってきて
思いきって壁紙をチェンジ！
ついでに、古材風フロアシートを
敷いたら、グンとシャビーシックに。

使用した壁紙

２種類の壁紙は、ネット通販で購入。１mにつき数百円と安く済みました。国産でも、洋風のものが意外と充実！

Before

ディスプレイ用のガラスケースを置いた、リビングでいちばん広い壁面。殺風景なクロス壁に変化をつけたいなぁ。

キッチン側の壁面もぽっかりと空いた印象でした。長年集めてきたフレンチアンティークが似合う背景にしたい！

クラシカルな香りがする、大柄の壁紙を張って。壁紙を生かすために、ガラスケースの背板もはずしました。

After

After

唐草模様が浮き出た、シックな壁紙で模様がえ。アンティークソファやルーバーにぴったりなコーナーのでき上がり！

住みはじめてから４年目の春、大きな転機が訪れました。雑誌『私のカントリー』での連載がスタートしたのです。娘も幼稚園に通うようになり、自分の時間ができるので、模様がえに本腰を入れようと一大決心。

ちょうどこの時期、白いクロスの壁面を物足りなく感じていたので、洋風の壁紙を使ってリビングをイメージチェンジすることに。賃貸なので、当然、張り替えはNGです。

そこで活躍したのが、両面テープ。２種類のベージュの壁紙を、１面ずつ、両面テープで張りつけて、ほんのり色づけしてみたら、リビングの印象がガラリと変わりました。

背景が変わると、見慣れた家具や雑貨も新鮮に感じ、新たな模様がえ意欲がわきます。

1 フェイクグリーンをワイヤーで吊るして。料理中、緑が目に入ると、うれしくなります。2 パーテーション越しに見えるベランダは、グリーンで心やすらぐ空間に。窓の上からツタが垂れ下がるようなシーンに憧れていました。

2011年4月

入居5年目にして
玄関から直結するダイニングを
ようやくリフレッシュ。
一緒にキッチンも大改造です。

Happy
Birthday!

1 お誕生日会は、白い食器でそろえました。スープポットだけはアンティークですが、ほとんどは1000円台。2 手作りのフルーツケーキで、ハッピー・バースデー！ 4歳になるころには、娘はペイントを手伝えるまでに成長しました。

リビングの次に、ナチュラルからフレンチに大きく模様がえしたかったのは、玄関ドアを開けたら真っ先に目に飛び込んでくるダイニング＆キッチンでした。春生まれのさくらの誕生日を、リフレッシュしたダイニングで祝えたらいいなと思ったんです。

ヒントは、たまたまレストランで見かけた3枚扉でした。初代のカントリー調に作ったパーテーションに代わる間仕切り——デザインは1日で考えて、3日後には形ができていました。ただし、ペイントには、納得のいくまで時間をかけたんです。大きなキャンバスに絵を描くように、ベースの白に塗料を何色も重ね塗りして、完成させました。もとのパーテーションの板材と、階段のデコラティブな手すりを利用して、飾り棚も製作。

2つの新作家具で生まれ変わったダイニングでのお誕生日会、さくらも楽しめたかな。

「キャベジズ&ローゼズ」のテーブルクロスで、春を呼び込んで。模様がえの節目に、椅子は1910年代のフランス製でそろえました。

扉のペイントは、清潔感を出すためにあえてアンティーク風にせず、ほぼ均一に塗りました。ツール類も、以前よりシンプル志向に。

裏返すと…

一見、無地のカトラリースタンドは、カントリー調を後ろ向きに。買い替えずにリフレッシュ！

調理器具をしまう引き出しは、新しく作りました。中のレールに合わせるのが、難しかったです。

原状回復
すればOK

もとの扉は、30年以上前のもの。グレーの樹脂製の表面がピカピカして、気になっていました。

2011年3月

ずっと気になっていたキッチンの扉も
真っ白なものに模様がえ。
もちろん、賃貸の鉄則
〝元に戻せる〟は守っています！

扉風にデザインした、2代目のパーテーション。ベニヤ板とモールディングの組み立ては3時間で済んだけれど、ペイントには5日間かかりました。

パーテーション横の飾り棚は奥行きを浅くしたので、圧迫感がありません。グラス類の収納にちょうどいい。

この椅子には ひと目でひかれました

大好きなショップ「Found」で購入した椅子。ひと目で、このパーテーションと合うなって。

私にとってキッチンは、いつも家族の笑顔が集まる場所でした。小学校に上がる前から包丁を扱い、2人の姉と交代で食事を作っていたので、結婚後も、主人とさくらのためにきちんと料理することを心がけていて。365日、朝昼晩と使うところなので、入居当初から、賃貸住まいでも工夫を凝らしてきました。

2010年、ダイニングのリニューアルに合わせて替えたいと思ったのが、造り付けの収納扉。すっかり古くなって、わが家に合わなくなっていたのが、心に引っかかっていました。

扉ははずせるものだから、模様がえは簡単。板を、各扉と同サイズに切って、モールディングでフレンチっぽさをプラス。白くペイントして、もとの扉と交換するだけです。いずれ引っ越すときは、もちろん原状回復できます。

シンク脇のシェルフも白く塗り替えて全体が明るくなり、気分まで一新した感じです。

2005年 ひとり暮らし時代

ここからは時をさかのぼって
独身時代のお話。
１DKの小さな部屋でも
リメイク木工や簡単ハンドメイドを
存分に楽しんでいました。

手前が４畳半、奥の寝室が６畳という狭い間取りの〝お城〟。模様がえを楽しみながら、フックにかけた収納袋のような手作り品を、ネットで販売したりもしていました。

ブルー系でまとめた寝室に合わせて、ワイヤーとビーズで初めてシャンデリアを作りました。製作費はたった3000円ほど。

即席木工でも
可愛いでしょ？

子供時代からインテリアが大好きで、いつか自分だけの〝お城〟をもつことが夢でした。高校を卒業後、就職先に選んだのは、あえて実家から遠く離れた地方にある会社。そうすれば、ひとり暮らしができるからです。長年の念願がかなってから、14年間続いた独身時代。数回引っ越しをしましたが、最後となるこの部屋に暮らしはじめて約半年後に、大きな出来事がありました。

ひとり暮らし向けのインテリア誌で開催された「インテリア大賞」に応募して、なんと大賞に選ばれたのです。告知を目にしたときは、越してきて間もないので何も準備が整っていませんでしたが、応募のためにただひたすら、部屋づくりに励む毎日で……。板壁を作り、カーテンを縫い、家具を組み立てるなど、あらゆるものを自分で作り上げた結果の受賞でした。もちろん、当時もすべて自己流。見た目が可愛ければOKというおおざっぱな性格は、今も昔も変わらないですね。

1 このころ、ベッドカバーやピローケースなど、直線縫いでできるものは縫っていました。作業台も私の手作りです。
2 ベッドのパイプ部分は、もとは緑色。夜中に急に思い立ち、2時までかかって塗り替えたのもいい思い出です。
3 カッターで切れるバルサ材なら、曲線を描く飾り板も簡単に切り出せます。アラ隠しは、ペイントで決まり！

2005年ひとり暮らし時代

小さなキッチンでしたが、好きな雑貨をたくさん置いて料理を楽しんでいました。週末は気合を入れて、小麦粉からパスタを作ったり。

100円均一ショップやホームセンターで見つけた掘り出し物に、ひと手間加える日々。お金をかけない模様がえの工夫は独身時代に養われた気がします。

最後にひとり暮らしをした部屋も、当時で築18年という古い賃貸マンション。狭くてもキッチンカウンターや出窓がついていたから、「インテリアが楽しくなりそう！」ってワクワクしたのを覚えています。

お決まりながら、釘は打てないし、収納も少なかったけれど、そういった悪条件にこそ、いろいろと工夫する醍醐味《だいごみ》があるというもの。100円均一の雑貨はペイントで可愛くしたり、なんちゃって手作り家具には、真鍮《しんちゅう》の取っ手やナンバーをつけて見栄えをよくしたり。今でも継続している、〝ひと手間のDIY〟の積み重ねで、部屋は素敵になるものです。

そんなふうに、独身時代に試行錯誤してきたことが、今の部屋づくりにも役立っているような気がします。これからもずっと、物づくりの探求心を忘れずに、時代の流れとともに進化していけたらいいですね。

料理好きの私にとって、調味料棚は必須。窓に合わせて手作りしちゃいました。光が通るよう、背面にはネットを。

独身時代から、アンティークの椅子が好き。コツコツお金を貯めて、たまに贅沢するのは、まあいいかなって。

窓のない玄関はすごく暗かったけれど、お気に入りの雑貨をディスプレイして、少しでも明るい雰囲気に。

カウンターには、ハンギングも兼ねた間仕切りを作って、カフェっぽさを。カウンター下は、飼い猫のスペースでした。

スタンプやグリーンをおもてなしに役立てて

1

2

3

1 当時から細かな作業が好きでした。手作りケーキは、容器にスタンプを押すだけで、おもてなし感がアップ。2 お客さま用のグラスの待機場所には、グリーンを添えて。小さな植物が、気分をほぐしてくれます。3 アイスクリーム用の木のスプーンは、スタンプを押せば、ネームタグとしても応用できます。

2900

chapter

IV

私流 フレンチDIY

おしゃれ家具・雑貨の作り方を大公開

家具は、椅子以外は、ほとんどが手作り。
アンティークに見える雑貨でも
実はハンドメイドのものがたくさんあります。
わが家のフレンチインテリアを構成するもののなかから
特におしゃれな家具と雑貨を抜粋して
作り方をご紹介しましょう。

家具作りでは、この椅子のような繊細なレリーフを見本にしています。

教えて！

佐藤さん流

知っておきたい！

女性のための ホームセンターの歩き方

木材は
加工しやすいものを
セレクト！

割安で木目がきれいなSPF材は、わが家の家具作りでも大活躍！ インチ単位で規格サイズが決まっているのも、扱いやすさの理由です。また、カッターで切れるバルサ材も、女性におすすめ。

カットサービスは
積極的に利用

自分で板材を切る時間と労力がもったいなくて、カットサービスにおまかせ。作りたい家具の木取り図（希望サイズを表す板のイラスト）を描き、係員さんへ。

ペイント選びには
時間をかけて

木工に欠かせない水性塗料は、サイズも色も豊富。私の場合、混ぜて色を調整するので、白やブラウンといった基本カラーは買い置きしています。

部材コーナーも
チェック！

蝶番や取っ手などのパーツは、あくまでも見た目重視。気に入った形のものをストックして、使うときにはペイントでアンティーク風に変えることも。

わが家のフレンチインテリアは「ホームセンター」が源です！

週１回の割合で足を運ぶホームセンター。わが家の手作り家具の材料のほとんどは、ここで手に入ります。私の場合、作りたい家具がイメージできたら、寸法を割り出し、紙に必要な材料を書き出してから入店。まずは、木材コーナーに行き、家具に合う材質とサイズを選びます。次は、カットサービスへ。寸法に合わせて木材を切ってもらえるので、女性にはおすすめ。あとは塗料や金具のコーナーもまわりますが、家具の印象を大きく左右するペイントは、特にじっくりと吟味します。

時間があれば、日用品コーナーやガーデンコーナーもチェック。DIYとは関係なさそうな場所ですが、アンティーク風に緑を塗り替えると素敵になる賞状入れなど、リメイクにぴったりな素材が見つかることも！

ハンギングシェルフ

天板用のSPF材、側板・背板用のバルサ材。ペイントしちゃえば、違う素材でも、このとおり！ バルサ材は、カッターでも切れます。

大変身だね！

ワイン箱のミニシェルフ

そうして購入したものが
こんなふうに生まれ変わります！

酒屋さんなどで、たまに格安で放出されるワイン箱。モールディングをつけるひと手間で、おしゃれな飾り棚に。棚板は取り外せます。

アンティーク風ショーケース

額縁のサイズに合わせて、桐《きり》材で箱を作ります。２つをペイントして蝶番でつなげたら、素敵なショーケースのでき上がり！

Part 1 簡単&おしゃれな私流DIYを大公開！

低予算でわが家サイズ、しかも
可愛らしい家具を手に入れるなら
手作りに勝るものはありません。
私流の簡単木工は、女性らしい曲線が鍵です。
フレンチインテリアを盛り上げる
2種類のシェルフを作ってみました！

2作品の“おしゃれ”の秘密

モールディング

私の家具作りで欠かせないのが、装飾用のパーツ。角や縁に取り付けると、手軽にフレンチらしさを出せます。形・サイズともにいろいろ。

ジグソー

曲線をカットするのに便利な工具が、新しく仲間入り。3000円の価格帯からあって、おすすめ。ただ、大きな音が出るので、場所を選びそう。

Kiyomi's木工①

組み立てにわずか10分のシンプルさ！

オープンシェルフ

小物ディスプレイに重宝するシェルフは
側板のカーブがポイント。棚板のモールディングが
飾りとストッパーのふた役をこなします。

木取り図

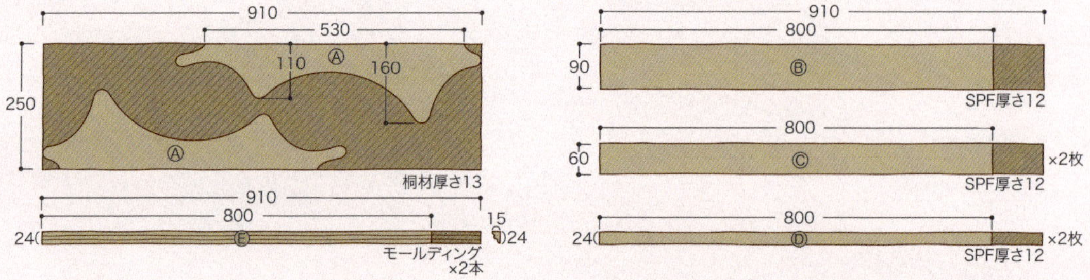

端材となる部分　※単位はmm
接着面　●ネジ穴の位置

展開図

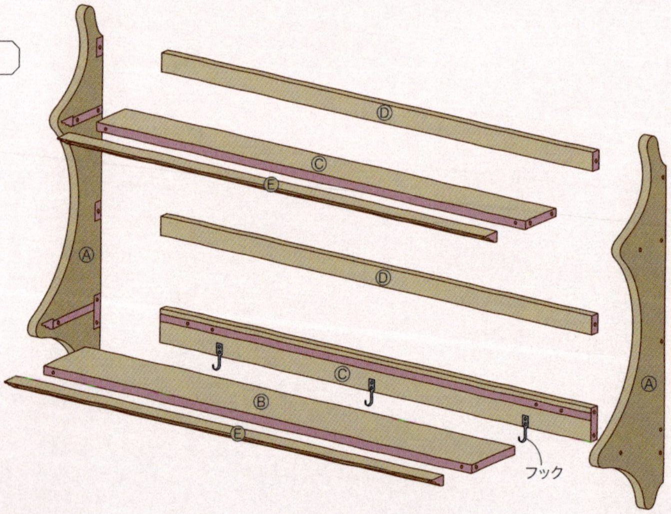

用意するもの

電動ドリルドライバー、ジグソー、ノコギリ、紙ヤスリ、木工用ボンド、サシガネ、長さ35㎜の木ネジ22本、フック3個、三角カン、水性塗料、ハケ。

Step 1　側板をサンダーでカットします

曲線を描くのに
便利

独身時代から使っているカッティングボード。家具の飾り板などのカーブをデザインするときに、活用しています。

1

2

少しくらい
ズレても大丈夫！

3

4

1. カッティングボードを使い、桐材に側板Aのデザインを描く。このとき、ある程度フリーハンドでバランスを整えて。

2. ガイドラインに沿って、ジグソーで側板Aを切り出す。刃がラインから多少ズレても、ひとまず最後までカット。

3. 2で切り出した側板Aを型にして、もう一方の側板Aのガイドラインを描く。刃の厚みを考えて、1～2㎜外側に。

4. このように、1枚の桐材から2枚の側板が切り出せた。それぞれのカット面を、紙ヤスリでなめらかに整える。

Step 2　モールディングと背板をつけた棚板を側板へ

1

2

3

4

1. モールディングEを、木ネジで棚板Bに取り付ける。このとき、Eの幅の狭いほうの面《つら》をBの底面に合わせて。

2. 背板Cの上から約1㎝の位置に、棚板Bを固定。もう1本のモールディングEを、棚板Cに1と同様に取り付ける。

3. 背板Cに取り付けた棚板Bを、木工用ボンドで側板Aに仮どめ。このとき、棚板の幅広の出っぱりにも合わせて接着する。

4. ボンドが乾いたら、木ネジで固定。側板Aの外側から、背板Cに2本、棚板Bに1本打つ。反対側も同様に行う。

Step 3 棚板Ⓒ、横板Ⓓ、フックをつけます

1. 棚板Cにもモールディングをつけ、側板Aに固定。このとき、幅の狭い出っぱりに合わせる。横板Dも側板Aに固定。

2. フック3個を背板Cに等間隔で固定する。側板Aの壁側の木端《こば》上部に、壁面取り付け用の三角カンをつけるとよい。

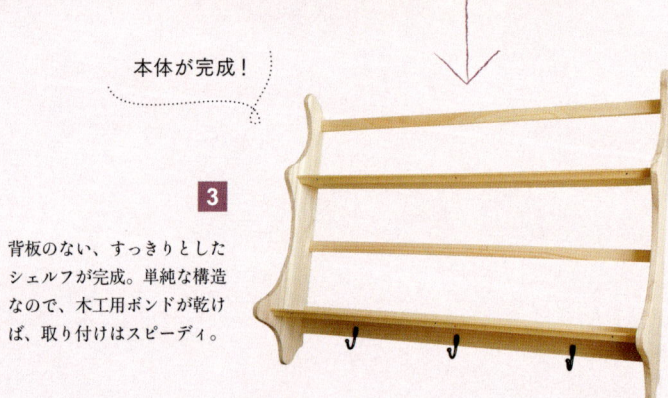

本体が完成！

3

背板のない、すっきりとしたシェルフが完成。単純な構造なので、木工用ボンドが乾けば、取り付けはスピーディ。

Step 4 アンティークペイントで仕上げます

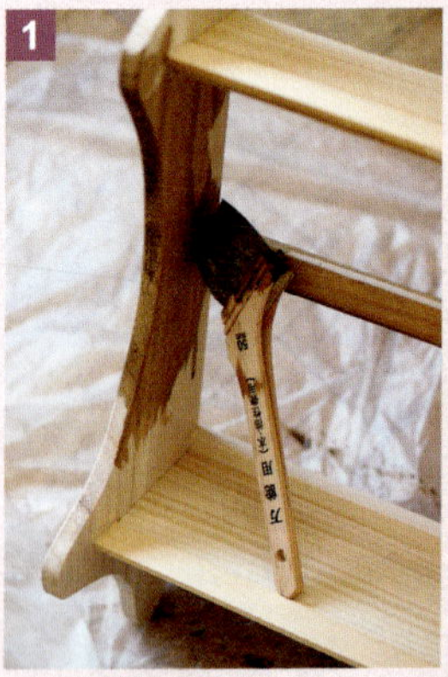

1. まずは、全体にまんべんなくステイン剤を塗る。まだ下地の段階なので、子供と一緒にラフに塗ってもOK。

2. ステイン剤が乾いたら、白の水性塗料をペイントする。厚ぼったくならないよう、薄く塗ってのばすのがコツ。

3. 最後に、ワックスで風合いを出す。布で適量を取り、濃淡をつけるように塗り込むと、よりアンティーク感が出る。

ポイントは
「BRIWAX」！

白の下地が、ワックスの質感を際立たせて味わい深い印象に。幅広で奥行きの浅いシェルフは、プレートを飾るのにぴったりです。

経年変化を感じさせる飴《あめ》色が アンティーク風の決め手！

モールディングの繊細な出っぱりや、側板のやさしい曲線…。ワックスが、それぞれのよさを引き立ててくれます。

Paint Column

アンティークペイントは 水彩画を描くように！

私のペイントの特徴は、塗料を何色も混ぜて使うこと。水で薄めながら、筆でポンポンたたいて微妙な色合いを出していきます。

思いきって 指ペイントも！

モールディングなどの凹凸に、わざと汚れを表現。アンティークの趣は、水彩画を描くように色を足していきます。アクリル板にも白い塗料をすり込んで。

Kiyomi's木工②

扉のカーブと飾り板がポイント

壁掛けシェルフ

収納力よし、ルックスよしの扉付きのシェルフ。
扉や側板の飾り板が、フレンチ家具らしさの鍵です。
ひと手間で、ぐっと洗練されますよ！

木取り図

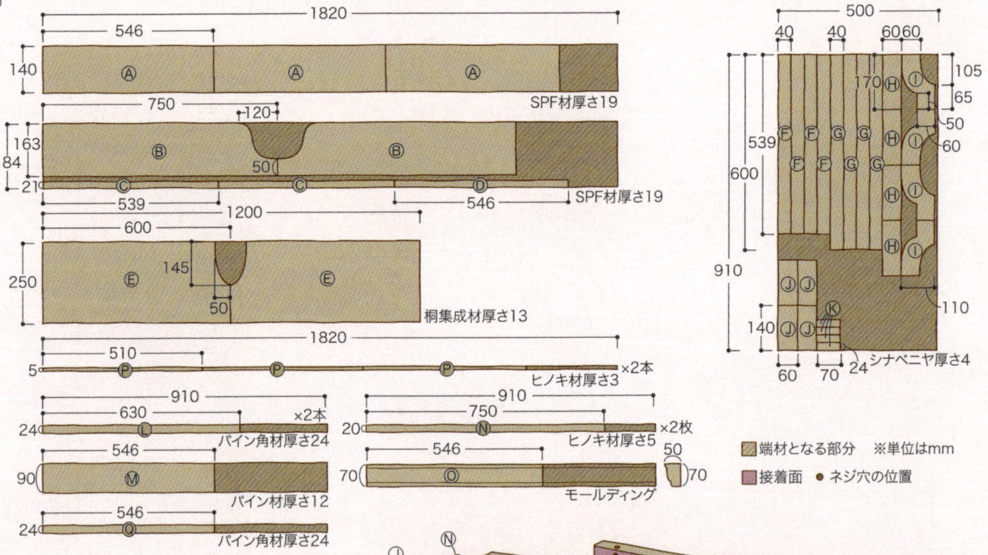

展開図

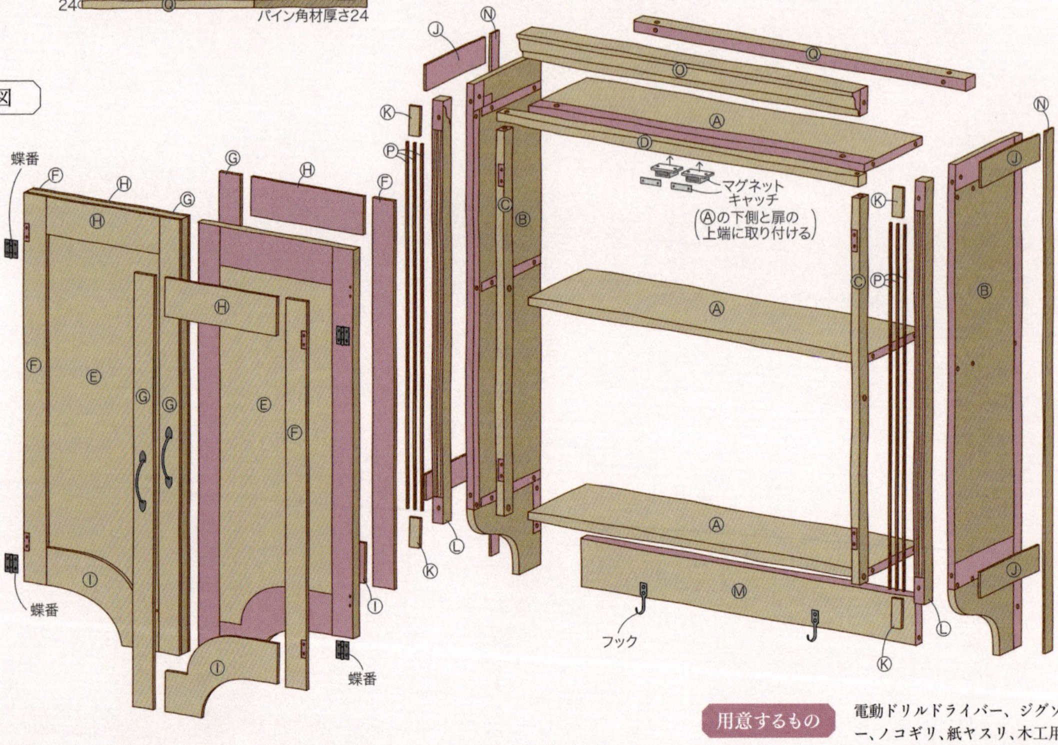

用意するもの
電動ドリルドライバー、ジグソー、ノコギリ、紙ヤスリ、木工用ボンド、サシガネ、長さ35㎜の木ネジ4本、フック、吊り金具・取っ手・マグネットキャッチ・蝶番各2個、水性塗料、ハケ。

Step 1 本体を組み立てます

1. 側板Bの下側にガイドラインを引き、ジグソーでカット。それを型にして、もう1枚も切ったら、紙ヤスリでなめらかに。

2. 底板Aを、側板Bの下側から120㎜、棚板Aを400㎜、天板Aを645㎜の位置に木ネジで固定。面《つら》は側板の背面に合わせる。

Step 2 扉を作ります

1. 展開図を参考に、扉板Eにガイドラインを引き、ジグソーでカット。それを型にして、もう1枚の扉板Eもカットする。

2. 扉板Eのカットしたカーブを型に、飾り板Iのガイドラインを引く。扉の表側用に2枚、裏側用に2枚、計4枚分切る。

3. 木工用ボンドで、飾り板F・Gを扉板Eに接着。乾いたら、飾り板HとIも接着する。裏側も同様に行う。

4. 飾り板が完全に接着したら、取っ手を飾り板Gに、蝶番を飾り板Fに固定。取り付け位置には、下穴をあけておく。

Step 3 角材を取り付けます

1. 蝶番を取り付けるのに必要な角材Cを、側板Bの前面に木ネジで固定。もう1本も同様に取り付ける。

2. 角材Dを、天板Aの前側の木《こ》端《ば》に取り付ける。固定は、側板Bの外側から木ネジを打てば、前面にビス穴が出ない。

Step 4 蝶番とマグネットキャッチをつけます

ピタッと
閉まるように！

1. 飾り板Fにつけた蝶番を角材Cに合わせて、取り付け位置を決める。下穴をあけてから、付属のネジで固定する。

2. マグネットキャッチを、天板Aの裏側にネジで取り付ける。事前に下穴をあけておくと作業しやすい。

3. 扉板Eの裏側の飾り板部分には、マグネットを固定。取り付け位置は、キャッチ側と合うように調整する。

Step 5 補強板、モールディングを固定します

1. 本体を逆さにして、補強板Mを側板Bに木ネジで固定する。このとき、側板の背面の木口《こぐち》に面を合わせる。

2. モールディングOにビス穴を出さないよう、固定用の角材Qを本体に取り付ける。

3. モールディングOと角材Qを本体に取り付けたら、角材Qを木ネジで天板Aに固定。角材Qは表側からは見えない。

4. 細い飾り板Pの土台となる角材Lを、側板Bの前側の木端に固定する。上部と下部に1本ずつ木ネジを打ち込んで。

Step 6 飾り板を接着します

1

2

3

4

1. 飾り板Lの上部と下部に1カ所ずつ、木工用ボンドで飾り板Kを接着。反対側も同様に行い、ネジ穴を隠す。

2. ヒノキ材Pを飾り板Lに接着する。それぞれ3本ずつを等間隔につけると、彫刻刀で彫ったような趣に。

3. 側板Bの下部に飾り板Jをボンドで貼りつける。このとき、飾り板Lの底面に面を合わせるようにして。

4. 側板Bの上部にも飾り板Jを貼ったら、飾り板Nも接着する。反対側の側板Bにも3～4を行う。

Step 7 フックと吊り金具をつけます

1

2

1. 補強板Mにフックを取り付ける。フックの位置が等間隔になるよう、事前に下穴をあけてからネジどめするとよい。

2. 本体を裏返して、吊り金具をつける。天板Aと底板Aの裏側に、それぞれ2カ所ずつ木ネジで固定。

本体が完成！

3

3. モールディングや飾り板が扉を囲うようなデザインに。こうした凸凹が、私が作るフレンチ家具の特徴。

Step 8　アンティークペイントで仕上げます

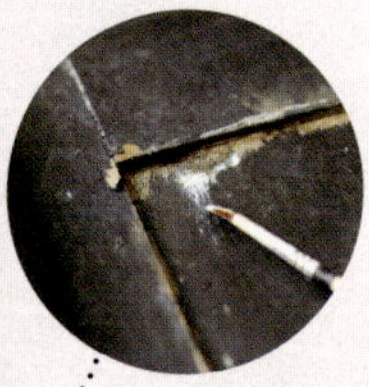

1. まずは、シェルフ全体にまんべんなくステイン剤を塗る。乾いたら、もう一度。下地なのでラフでもOK。

2. ステイン剤が乾いたら、白の水性塗料をペイント。凸凹した部分に塗り忘れがないよう、ハケ先も使って。

3. 2が乾いてからが、本番！　黒をベースに、青と茶色を少し足した水性塗料を、白い部分が隠れるようにペイント。

4. 3を乾かして、もう1回ペイント。乾いたら、木片や指先を使って、ところどころを軽く削る。すると、下地の白い部分やステインを塗った部分が出てきて、だんだんアンティーク家具らしく。

5. さらに、ワックスを布に適量取って、削ったところになじませる。飾り板やモールディングの縁など、細かな出っぱり部分は、白い水性塗料を少し足すと、いっそうアンティーク感が増す。

Finish!

絶妙なブラックが
まさにフレンチシック！

取っ手のような凸凹の部分は、意識的に削ったり、白を足したりして、念入りにアンティークペイントを。

微妙に青と茶色が混じった黒が、シックな雰囲気のカギ。扉を開けると気持ちが華やぐような宝物を、そっとしまっておきたいです。

まだまだあります！

背板をつけず、奥行きを浅くしたので、小さなダイニングに置いても圧迫感がありません。波形の飾り板の曲線は、カッティングボードを利用。

手すり用の部材で作る

ディスプレイ棚

ホームセンターで売られている手すり用の部材を、お手製シェルフの飾り棒に。ベランダで使った木材を棚板にリサイクルした「ディスプレイ棚」は場所をとらず、手軽にフレンチ感を演出できます。

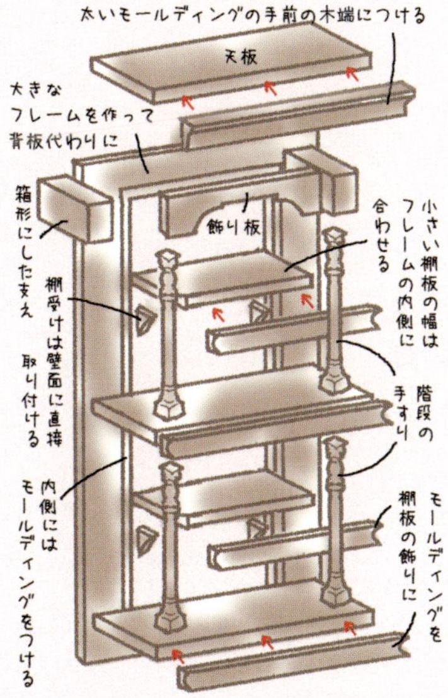

古い窓枠で作る

パーテーション

雰囲気のいい、アンティークの窓枠。そのまま立てかけるだけでもおしゃれですが、木材をつけ足せば、素敵なパーテーションに早変わり！キッチンやアトリエなど、小さなスペースをおしゃれに間仕切りしてくれます。

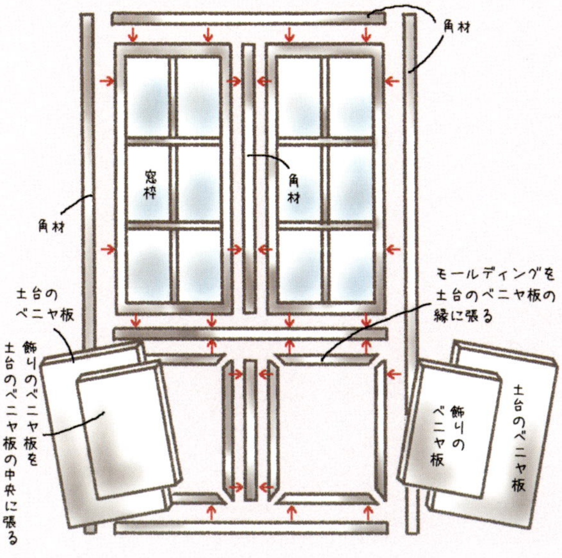

ベランダからの光を遮らず、キッチンをほどよく隠してくれます。つけ足し部分の板材は、縁をモールディングで囲うひと手間で、おしゃれに。

Part 2 可愛い手作りアイデア教えちゃいます！

空き箱や100円均一の雑貨、娘と一緒に遊ぶ紙粘土などなど……。
手近なものが材料でも、本物のアンティークに負けない見栄えのいいクラフトが作れます。
リーズナブルに部屋を可愛くできちゃう——そんな作品の数々をご紹介しましょう。

包装紙でカルトナージュ風に変身！ 空き箱リメイク

不要な箱も、フレンチな色柄の包装紙でおしゃれなカルトナージュ風に！
棚という晴れ舞台に飾って、〝見せる収納〟に大活躍です。

収納にも便利なラウンドBOX

カルトナージュとは？

フランス発祥の伝統的な厚紙工作。カルトン（厚めのボール紙）を、紙テープでとめながら箱などの形に組み立て、ボンドで布を張りつけるのが、主な手法。

色柄がフレンチレトロな包装紙で、円形のボックスを作ってみました。収納とディスプレイのふた役をこなせます。

アンティーク風の手作り棚にいろいろなリメイク箱を飾って。シャビーシックな家具とポップな色柄って、意外と相性がいいんですよ。

この材料でカルトナージュ風の箱ができちゃうんです

1

2

3

1 空き箱は、紙を張ったときに透けてもいいよう、なるべく無地のものがおすすめ。ふたを捨てて、本体部分だけ使うことも多いです。2 ストライプ、ドット、壁紙風…。「オルネ ド フォイユ」や「Ito-ya」などで見つけた包装紙を使います。3 箱の内側に張る紙は、100円均一の画用紙でも充分。外側にあしらう紙と色合わせしながら、選んでいます。

お中元やお歳暮の季節などに
なにかとたまりがちな箱、箱、箱……。
ふと思いついたのが、いろいろな紙を張って
可愛く変身させちゃうことでした。

お中元やお歳暮のいただき物、お誕生日会やホームパーティのプレゼント……。主婦になってから、家にはなにかと空き箱がたまることに気づきました。お菓子や食材の詰め合わせだった、もう不要な箱だけれど、可愛い包装紙を張っておめかしすれば、きっとおしゃれになるだろうなと思ったんです。

趣味の雑貨屋さんめぐりで、ポップな色柄の包装紙をストックしていたので、材料には事欠きません。業務用の量販店や100円ショップでも、探せば素敵な柄が見つかります。簡単な形の箱には、ボンドではなく両面テープで接着。手作りは何でも、省けるところは省いてしまうのが、私流です。

収納が楽しくなるのはもちろん、料理の盛りつけに使えば、おもてなしにも役立つ——そんなカバーリングするだけの簡単クラフト、ぜひ、お試しください。

ブック風収納BOX

ふんわりリボンがアクセント。
立てても、横に置いても可愛い

同じ種類を
数個重ねると
存在感アップ

中にしまうものにより、立てたり横にしたり。同じ箱を数個重ね置きすると、省スペースなうえ、存在感もアップ！

フランス語がデザインされた箱は、特に重宝。ポストカード柄の包装紙と相性抜群で、フレンチっぽさ満点な箱が完成！

用意するもの

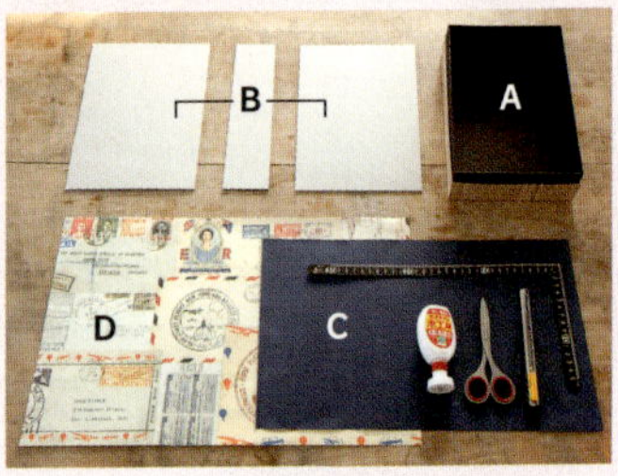

A…空き箱(本体部分のみ)
B…ふた用の厚紙(表紙・背表紙・裏表紙用に、それぞれ箱本体より周囲を0.5cm大きくカット)
C…ふた裏用の紙(B全体のサイズにカット)
D…ふた表用の紙(B全体より周囲を1cm大きくカット)
◆カッター、ハサミ、サシガネ(定規)、木工用ボンド。

Step 1 表紙の紙を張る

1. 写真を参考にして、DにBを木工用ボンドで張る。
2. 1を表側に返して、手を押し当てながら空気を抜く。
3. Bに対して0.2～0.3cm残るよう、Dの四つ角をカットする。
4. Dの縁をBに折り込み、張りつける。木工用ボンドは、ウエットティッシュでなじませるとよい。

Step 2 裏側も張り、Aをセット

1. Step1で完成したふたの裏側の左右に、好みの長さに切ったリボンを接着する。
2. Cを木工用ボンドで張りつける。
3. Aを、2に木工用ボンドで接着して完成。

お重風の小物入れ

**ポストカードや写真、アクセサリー
大切な小物を、そっとしのばせても**

ピクニックに
ぴったりのお手軽さ

お重風の箱は、重ねて外に持ち出すのに便利。ピクニックやおもてなしのテーブルでも、楽しさを発揮します。

着脱しやすいふたには、とびきり可愛い包装紙を張って、宝物箱にしても。思い出の品やアクセサリーをしまって。

用意するもの

A…空き箱（本体部分のみ）
B…内ぶた用の厚紙（箱の周囲より0.3㎝小さくカット）
C…外ぶた用の厚紙（箱の周囲より0.5㎝大きくカット）
D…内ぶた用の紙（Bの周囲より1㎝大きくカット）
E…外ぶた用の紙（Cの周囲より1㎝大きくカット）
◆カッター、ハサミ、木工用ボンド。

Step 1 外ぶたを作る

1. **E**の四つ角を**C**に対して0.2～0.3㎝残るようカット。

2. 木工用ボンドで張りつける。

Step 2 内ぶたを作る

内ぶたが箱本体に引っかかる仕組みに。

1. 内ぶたも、Step1と同様に作る。

2. 完成した外ぶたに内ぶたを張りつける。

3. **2**を**A**にのせて完成。

手軽にフレンチの装飾ができちゃう！

紙粘土デコレーション

小さなあしらいでも、部屋を一気にフレンチらしくしてくれる
繊細なレリーフ。実は私は、紙粘土で作っているんです。

Before

「IKEA」で購入したシェードランプは、2灯で5000円の格安でした。柄の部分をリメイクしたら、素敵になりそう！

背の低いほうの照明は、柄を真鍮色にペイント。紙粘土のレリーフで装飾したアルミフレームと合わせました。

a 土台には、粘土で作った装飾をつけ、ペイントでなじませました。シンメトリーのデザインがポイントです。

b 文房具屋さんで800円だったアルミフレームが、紙粘土とペイントでアンティークっぽく！　塗料は、白・黒・黄土色・グレーを混ぜました。

裏返すと…

ショップに行くたびに
「欲しいな！」と思っていた木のレリーフ。
娘と一緒に遊んでいた紙粘土で
作ってみたら、予想以上のでき栄えです！

もう一方の照明の柄には、ケーキ用のチューブで絞った粘土を。マットな調子に塗ったら、見違えたでしょ？

a シェードには、独身時代のフランス旅行で買ったレースを縫いつけて。縁にビーズをあしらうと、よりフェミニン。

b モールディングをつけた姿見の枠にも、粘土の飾りを。鏡に映るリビングの風景が、いつもより素敵に見えます。

ショップめぐりをすると、ときどき、素敵なアンティークのレリーフに出会います。棚に置いたり、壁に立てかけるだけでも絵になるので、欲しいのですが、１万円を超えてしまうものも多く、なかなか踏み切れません。

でもあるとき、娘と一緒に遊んでいた紙粘土で〝レリーフを手作りしてみよう〟とひらめいたんです。手始めに、文房具屋さんのアルミフレームや「IKEA」の照明スタンドに粘土の飾りを施して、ペイントでなじませてみると、なかなかいい感じ。本物のアンティークに近づけるよう、細かな部分までこだわりました。

お手本にしたのは、わが家で実際に使っているアンティーク家具や雑貨のレリーフ。自在に形を変えられる粘土なら、指や竹串で、かなり精巧なものが作れます。マットな色調で塗り上げると、木製っぽくなりますよ。お子さんと工作感覚でやってみてはいかが？

紙粘土で作る

バラのキャンドルスタンド

花びらや葉っぱのディテールを
表現できるのは、紙粘土ならでは！

樹脂粘土を混ぜると、少しつやが出ます。花びらはグレーに塗ったあと、白いアクリル絵の具でニュアンスをつけて。

用意するもの

紙粘土・樹脂粘土を各適宜、木製プレート、竹串、アクリルパイプ(外径25×長さ50㎜)、瞬間接着剤。※アクリルパイプは、ホームセンターでカットしてもらうか、専用ノコギリでカットする。

Step 1 バラの芯を作る

1. 樹脂粘土と紙粘土を２：１の割合で混ぜ、均一になるようによくこねる。
2. 粘土を少量取って、細くのばす。粘土の端に竹串の先端を当てる。
3. 2を指先にのせて、粘土を巻いていく。
4. 粘土の下部を軽く押さえて形を整える。

バラの個数分だけ作ったら、しばらく置いて、粘土を乾燥させる。

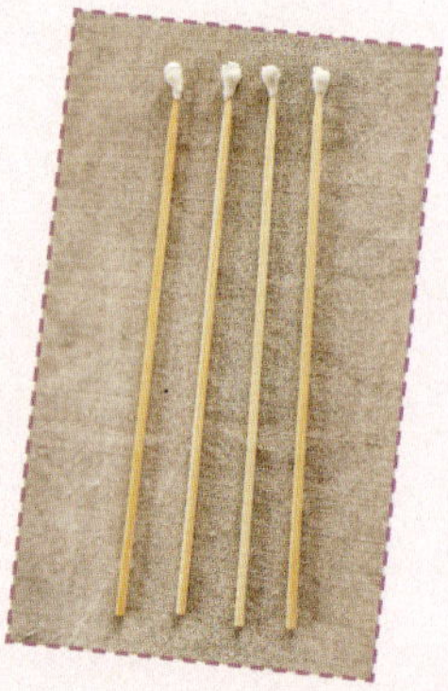

Step 2 花びらと葉っぱを作る

1. 粘土を少量取り、花びらの形に整える。
2. 花びらを芯に巻きつける。
3. 指先で花びらを少し外側にめくるのがコツ。
4. 好みの大きさになるまで、1～3を繰り返す。外側になるほど、花びらを大きくして。

葉っぱは、指先を使いながら形を整える。

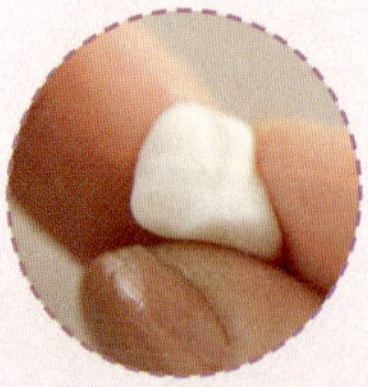

Step 3

花と葉っぱを
土台に貼っていく

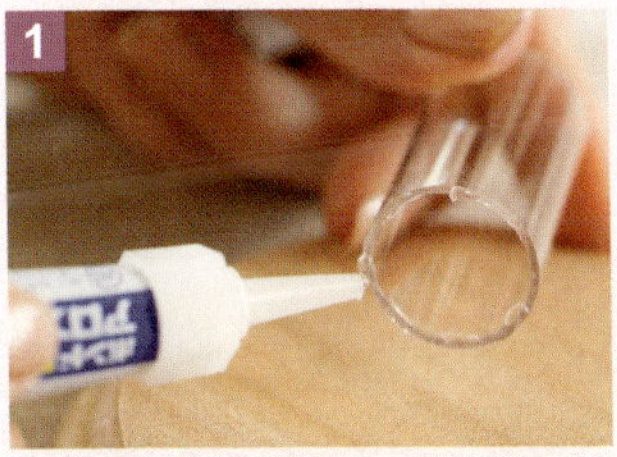

1. アクリルパイプを、瞬間接着剤で木製プレートの中央に接着する。
2. 粘土が乾いたら、花の根元部分の竹串を折る。
3. 花の竹串部分を、瞬間接着剤でアクリルパイプや木製プレートに接着する。
4. 葉っぱも、3 と同様に貼っていく。

花びらまでリアルに表現できるのは、紙粘土ならでは。木製の土台など、素材の違いはペイントでカバーしちゃいます。

おもてなしのシーンで
活躍します！

Step 4

お好みのボリュームに
貼りつけていく

全体のバランスを見て、花びらと葉っぱのボリュームを調整。最後に、全体をアンティーク風にペイントして完成。

飾って可愛い 作って楽しい クラフトあれこれ

アクセサリー系からリースまで。ほかにも、インテリアに役立つ私の手作りアイデアをご紹介します。

アクセサリーパーツで部屋にキラキラを

アクセサリー製作からヒントを得て、考え出しました。
光をはじくシャンデリアパーツやビーズを使って
部屋にキラキラを呼び込みませんか？

古い洋館のキャンドル照明から、イメージをふくらませました。キャンドルは単なる飾りだけれど、シャンデリアの趣があるでしょ？

シャンデリアのような雰囲気に キャンドルハンガー

用意するもの

クラフト用のワイヤー（3㎜径のものを約140㎝・65㎝・30㎝の3本にカット。1㎜径のものを固定用として適宜）、飾り用のパーツ（つなげたときに約1ｍになるぐらいのアクリルビーズ、丸カン、9ピン、シャンデリアパーツ5個。※既製のチェーンで代用しても可）。キャンドル2本。

1

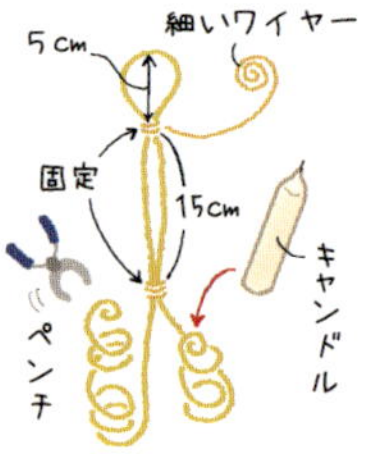

約140㎝のワイヤーで土台を作る。二つ折りするときに、引っかけ用に直径5㎝の輪を作り、1㎜径の細いワイヤーで固定。次に、輪から約15㎝の箇所を、細いワイヤーで固定する。余った部分のワイヤーは、キャンドルを囲むように巻いていき、端はペンチで曲げて処理する。

2

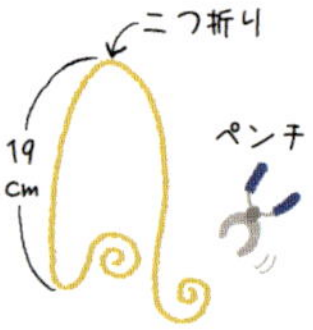

約65㎝のワイヤーを二つ折りにして、上から約19㎝の箇所から上向きに折り曲げ、先端をペンチで丸める。

3

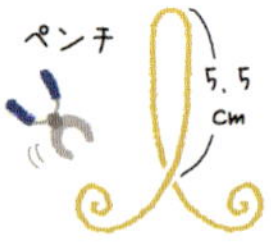

約30㎝のワイヤーを二つ折りにして、上から約5.5㎝の箇所で交差。端に向かってペンチでカールさせる。

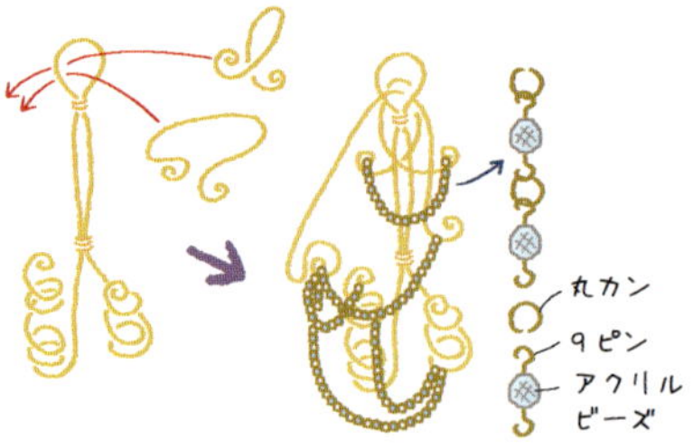

4

2・3を、1の上部の輪に通す。次に、アクリルビーズと9ピン、丸カンでチェーンを作る。バランスを見ながら、ワイヤーの各先端に細いワイヤーでつけていく。

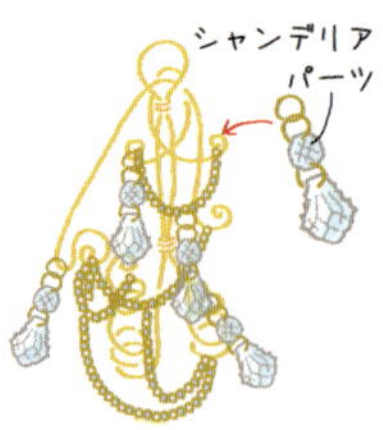

5

最後に、シャンデリアパーツをバランスよくつけて完成。

壁際のワンポイントに

花のサンキャッチャー

用意するもの　クラフト用の1㎜径ワイヤーを約1m、パール、チェコビーズ、クリスタル、木の皮の花、羽根、紅茶染めのレース、ペイントした実などを適宜、Tピン、丸カンを適宜。シャンデリアパーツ1個。

1

木の皮の花の中心をくりぬき、パールとチェコビーズ各3個をTピンと丸カンでつける。羽根と一緒にワイヤーに固定(くりぬいた中心部は飾りに使用)。

2

花、クリスタル、実、羽根、レースを適宜、ワイヤーに通し、固定する。

3

先端につける飾りは、パール6個とチェコビーズ10個。Tピンを通し、丸カンで作った土台につなげる。仕上げにシャンデリアパーツを1個つける。

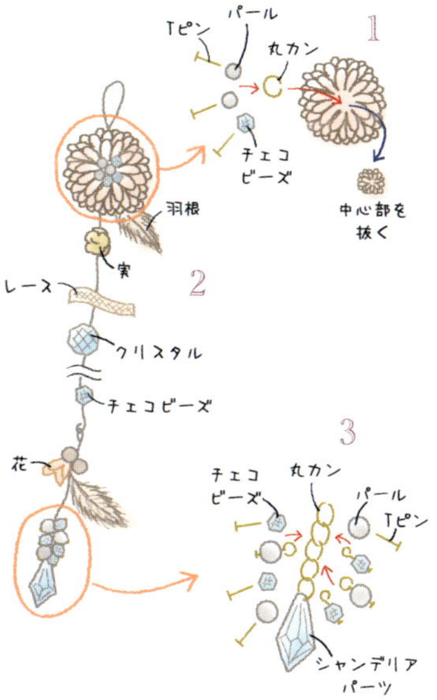

ビーズや羽根、木の皮の花がフェミニン。のっぺらぼうになりがちな壁面に、やわらかなニュアンスを添えます。

先端は…

先端は、ぶどうの房のようにボリュームをもたせるのが可愛さの秘訣です。シャンデリアパーツが重り代わりにも。

100円均一で購入したスプーンも、おしゃれにアレンジ。ドレッサーなどに飾り、鏡と競演させても絵になります。

メタリックな質感が涼やか

スプーンのサンキャッチャー

用意するもの　クラフト用の1㎜径ワイヤーを約55cm、スプーン1本、金属用接着剤、飾り用のパール、チェコビーズ、クリスタル、アンティークレースなどを適宜、約20cmのボールチェーンを2本。

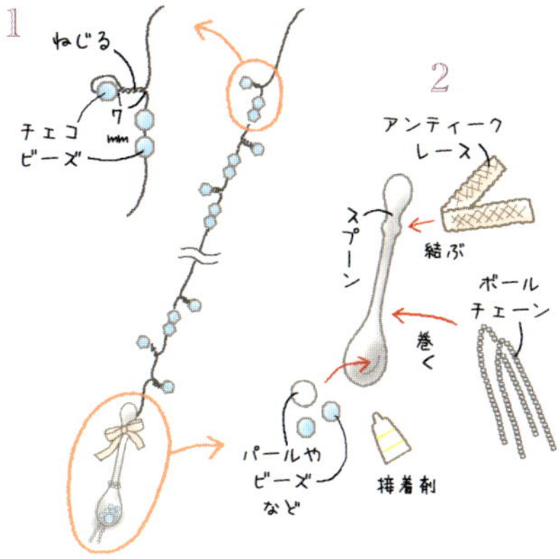

1

チェコビーズ2個をワイヤーに通し、その次に1個が飛び出すようにワイヤーをねじりながら7㎜ほどの立ち上がりを作る。これを繰り返して、全体が約40cmになるようにする。

2

ワイヤーの端をスプーンに巻きつけ、柄のところにアンティークレースを結ぶ。先端にはパール、チェコビーズ、クリスタルを金属用接着剤でつける。ボールチェーンを巻きつけたら完成。

レースアレンジで乙女チックに

布小物だけでなく、インテリア小物やアクセサリーにも応用できるレース。紅茶染めでアンティーク風にすれば断然、味わい深くなります。

レースは雑貨作りのための必需品。100円ショップでまとめ買いしたら、紅茶で染めてストックしています。

トルソーやバッグのポイントに…
レースのラリエット

用意するもの

レース４本（２cm幅を1.2m×１本、1.5cm幅を１m×３本）、ガーゼ（生地用）の端ぎれ適宜。紅茶適宜。ブローチ１つ。※レースの幅や長さはお好みでOK。

1

レースとガーゼを紅茶染めする。

2

２cm幅のレースを真ん中にして、1.5cm幅のレース２本も並べ、中央部分の70cmほどを、ざくざくと並み縫いで縫い合わせる。

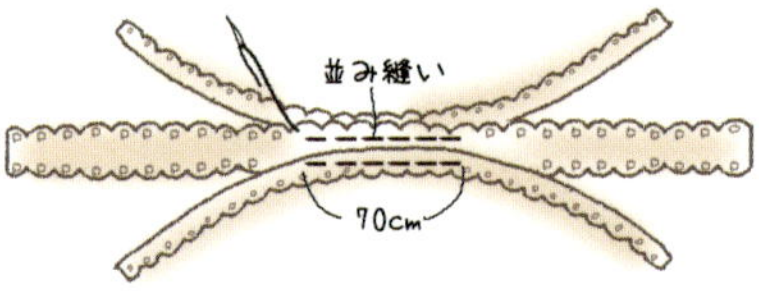

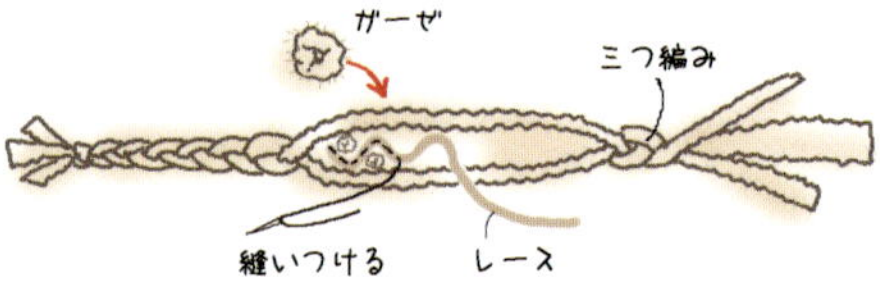

3

縫い合わせていない部分を三つ編みにする。飾りとして、ガーゼの端ぎれと1.5cm幅のレースを、ランダムに縫いつける。

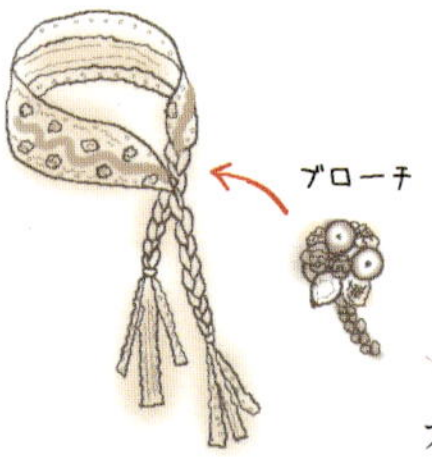

4

ブローチをとめたら完成。

レースを染めるときは、時間差をつけて色ムラを出すと、よりアンティークらしさが増します。ブローチは、少しサイドにとめるのがポイント。

季節感をインテリア小物に

ミニスワッグ付きバスケット

用意するもの　市販のバスケット１つ、コットンの端ぎれ・レース・布花・ドライフラワー各適宜、紅茶、木工用ボンド、グルーガン。

1

レースを紅茶染めする。

2

コットンを細く切ってリボン状にし、バスケットの持ち手に巻きつけながら木工用ボンドで接着。

3

レースの端ぎれをグルーガンでバスケットに貼り、その上に布花とドライフラワーをバランスを見ながら貼りつけて完成！

雑貨屋さんのシンプルなバスケットが､布花を貼るだけで可愛らしく。そのまま飾ってもいいし、もちろん収納にも使えます。

スリッパのワンポイントに

花のシューズクリップ

用意するもの　シューズクリップ、アクセサリー用の透かしパーツを各２つ、レース・布花各適宜。木工用ボンド。

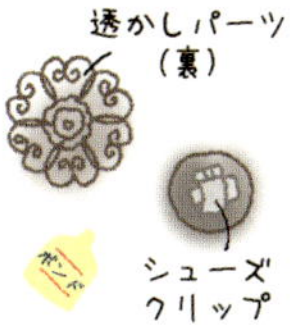

1

木工用ボンドで、市販のシューズクリップをアクセサリー用の透かしパーツ(裏側)に貼る。

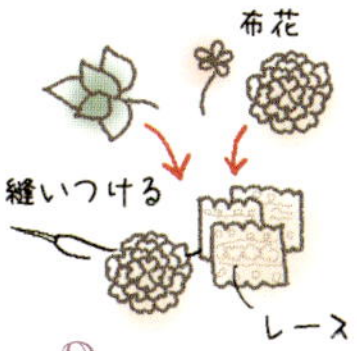

2

レースの土台に布花を縫いつける。

「無印良品」のセール時に購入した１足1200円のスリッパが、パッと華やかに。バッグなどにつけてもキュート。

裏側は…

3

でき上がった花のモチーフを、木工用ボンドで透かしパーツ(表側)に貼る。

4

仕上げに、ラインストーンを布花の真ん中に木工用ボンドで貼りつける。

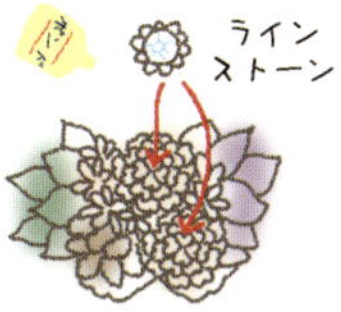

靴箱で作る〝なんちゃって〟トランク

ただの靴箱が、ペイントやカバーリングで見違えます。
トランク風にリメイクすれば、棚などに飾りながら
収納に使えて、毎日の片づけが楽しくなりそう！

トランクの背面は…

手軽にトランク風の箱にリメイクするなら、靴箱がおすすめ。ペイント、カバーリング、金具の取り付けでさま変わり！

A ペイントでレザー感を

用意するもの 婦人物の靴箱１個、好みの柄が入った薄手の紙、バッグ用金具２個、取っ手１個、アクリル絵の具（うす茶・こげ茶）、ワックス、スポンジ、端材、のり、接着剤、両面テープ。

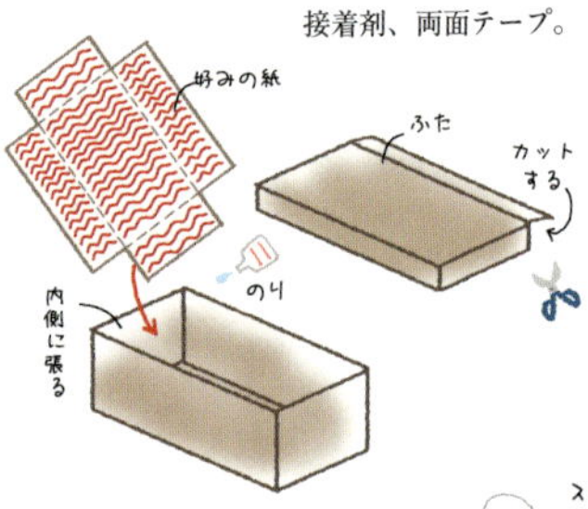

1

靴箱の内側に好みの紙をのりで張る。ふたは、本体の背面と合わさる側の角を切り離しておく。

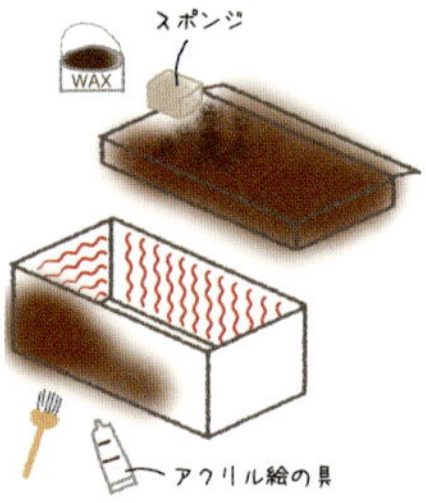

2

アクリル絵の具のうす茶を表面全体に塗り、生乾きのうちにこげ茶をペイント。さらにワックスをスポンジでやさしくなじませ、使い込まれた革の風合いを出す。

3

本体の内側に端材を接着し、取っ手を付属の木ネジで固定する。

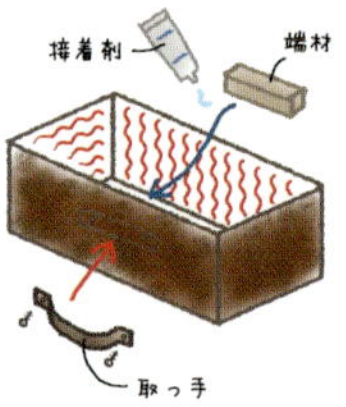

4

バッグ用の金具を本体とふたに取り付ける。ふた用は接着剤で固定。本体には端材を接着してから木ネジで固定する。最後に、ふたを両面テープで本体に接着したら完成。

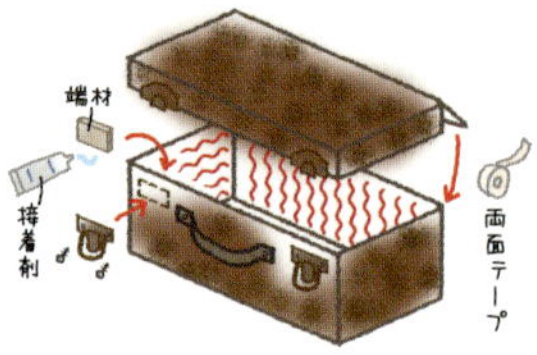

B 布を張ると大変身！

用意するもの 紳士物の靴箱１個、キャンバス地（靴箱の本体とふたをカバーできるサイズ）、バッグ用金具２個、取っ手１個、ソフトレザー（テープ…幅1.5cmを適宜、角に貼りつける円形を８枚）、端材、接着剤、両面テープ。

1

キャンバス地を靴箱の本体とふたのサイズに合わせて、図Aのようにのり代をとりながらカットする。生地を両面テープで箱全体に張りつける。

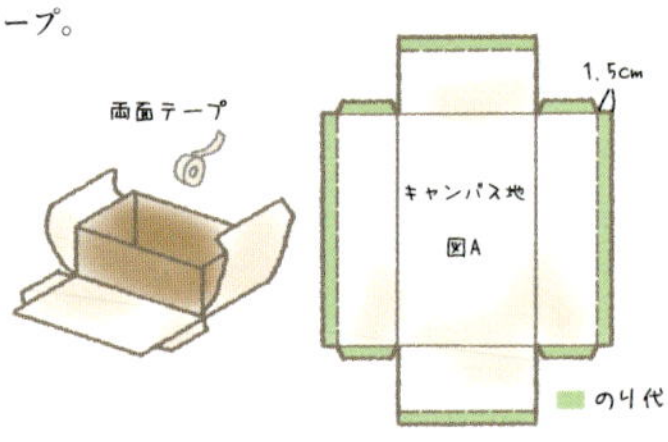

2

革テープの端から１mmに白いステッチを入れ、バランスを見ながら左右対称に本体とふたに接着剤で貼りつける。このとき、ふたの背面側の革テープは２cmほど長めに残す。

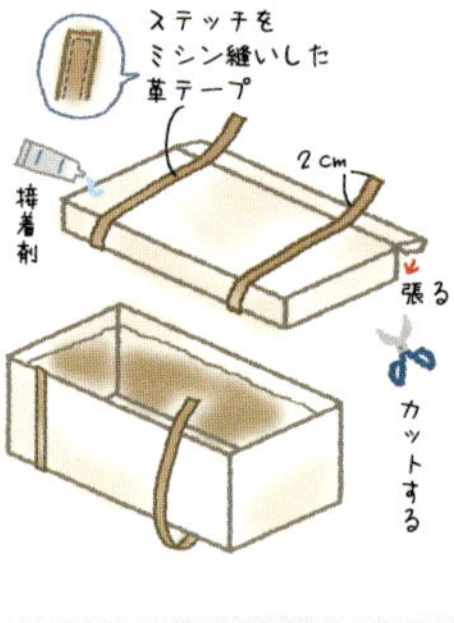

3

本体に端材を接着し、取っ手とバッグ用金具を木ネジで固定。ふたにもバッグ用金具を接着剤でつけ、２cm残した革テープと一緒に両面テープで本体に貼る。

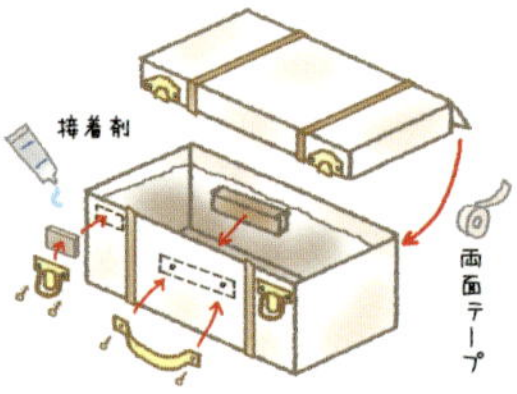

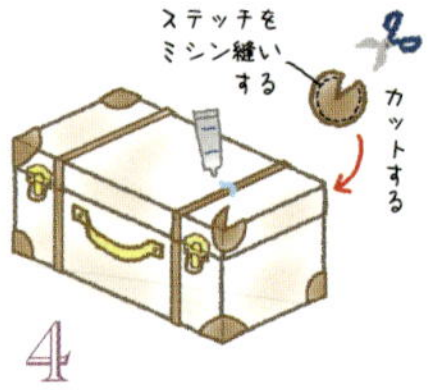

4

本体とふたの四すみに、ステッチを施した円形の革を貼りつけたら完成！

ドライフラワーの吊り下げリース

オフホワイト系の素材でまとめて、やさしい雰囲気に。
シャビーなインテリアの盛り上げ役には
植物の存在が欠かせません。

ドアや壁に固定せず、空中にぶら下げるリースも可愛いですよ。わが家では、ベランダガーデンに飾って楽しんでいました。

用意するもの

［本体］吊り下げ用のワイヤー70cm×4本、30cm径のリースボディ1個、木の皮の花4～5個、カーリーモス（ナチュラル）、あじさいのプリザーブドやドライ、イモーテル・ユーカリ・シロタエギクなどのドライを各適宜。グルーガン。［吊り下げ用のオーナメント］クラフト用の1㎜径のワイヤー20cm×2本、28cm×1本、パール、木の皮の花、チェコビーズ、クリスタル、シャンデリアパーツ、レース、紅茶染めしたガーゼなどを各適宜。

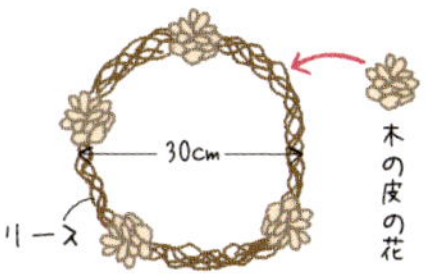

1

30cm径のリースボディに、主役となる木の皮の花をワイヤーで4～5カ所くくりつける。

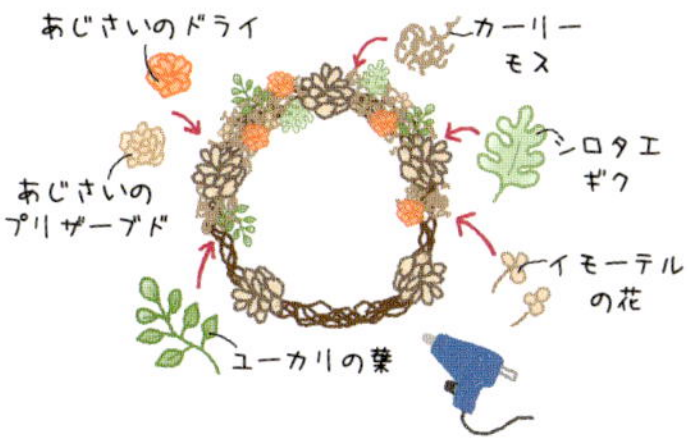

2

木の皮の花の間を埋めるように、バランスを見ながらカーリーモス、あじさいのプリザーブドやドライ、イモーテル・ユーカリ・シロタエギクなどのドライをグルーガンでとめていく。

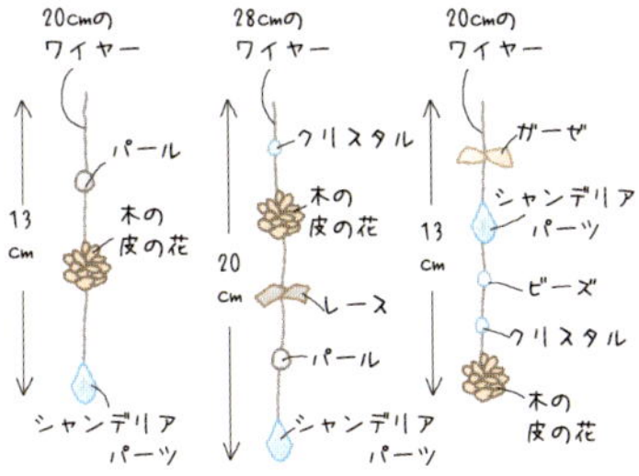

3

吊り下げ用のオーナメントを作る。クラフト用の1㎜径のワイヤー3本に、パール、木の皮の花、チェコビーズ、クリスタル、シャンデリアパーツ、レース、紅茶染めしたガーゼなどを通して、固定する。吊り下げたときに20cmのワイヤーは13cmに、28cmのものは20cmになるようにリースボディにくくりつける。

4

吊り下げ用のワイヤーでリースボディの4カ所を固定し、飾りたい場所にくくりつける。

ホームセンターは
フレンチアンティーク風に作れるものの宝庫です

ホームセンターでは、木工用のコーナーだけでなく日用品売り場やガーデンコーナーもまわります。ちょっと手を加えたら、リメイクに役立ちそうな面白いものが、けっこう見つかるんですよ！

ガーデン用のアイアンフェンス

ガーデンコーナーで見つけた、細長いアイアンフェンス。そのまま屋外で雨ざらしにしてもよさそうだけれど…。

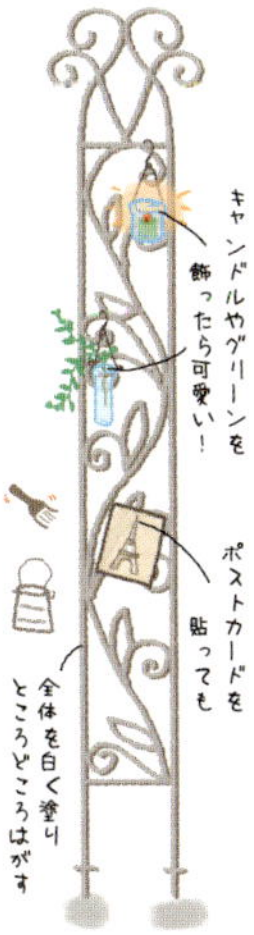

白系のカラーを塗り、乾いたらところどころはがして、古っぽさを出します。トイレなど、狭い場所に飾れそう。

1万円以下のダイニングセット

合板の無味乾燥なダイニングセットは、テカテカした質感をなんとかすればおしゃれになりそう。座面も張り替えたいな。

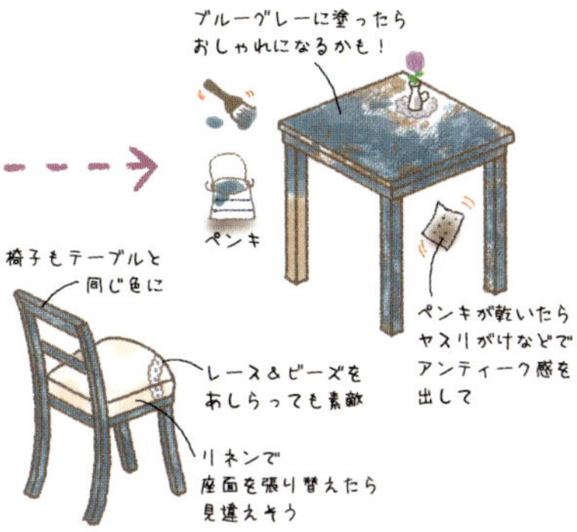

ペイントとヤスリがけで、アンティーク風になりそう。張り替えた座面には、レースをあしらっても素敵。

Kiyomi's
display ideas

ほかにもこんなひと工夫！
私流　ディスプレイ術

これまでに紹介しきれなかった、ディスプレイアイデアを集めました。
塗るだけ、張るだけ、押すだけの手軽なワザを、ぜひ活用してみてください。

粘土と木材でおしゃれフレームができちゃいました

細い木をフレームの形につなげたら、紙粘土で作ったレリーフを接着。真鍮色にペイントして仕上げました。

お色直しした賞状入れのフレームはただ飾るだけでも素敵

賞状入れのフレームだけを取り出し、白くペイント。角や出っぱりにワックスをこすりつけて、アンティーク風に。

「BRIWAX」が大活躍！

仕上げ剤として、私が頼りにしているワックス。木の家具以外にも使えます。

シールとスタンプで古っぽさを表現

ペイント後は、シールやスタンプで、さらにアンティークっぽく。シールは、「デポー39」の木箱についていたもの。

市販のシャンデリアをアンティーク風にしました

市販のシャンデリアにも、ワックスを活用。ピカピカした金物部分に指でなでつけて、経年変化した趣を出しました。

ショーウインドー風に ツリーを飾りつけてみました

出窓のツリーコーナーには、「シートモス」で苔《こけ》むした森を表現。「東京堂」で買ったスリムなツリーに、LEDの電飾を。

開くと…

Christmas display

クリスマスリースは 造花の材料でパパッと

ミニリースは、フェイクグリーンやフラワーをグルーガンで台に接着。黒く塗ったアルミ製のフレームと合わせて。

姿見は 飾りドアでカバーして

姿見のカバーは、布より飾りドアで隠したほうが可愛い！ 板材にモールディングをつけて、ペイントしました。

服もリメイクや手直しするのが好きです

基本、縫い物は、ミシンで直線縫いできるような簡単なものだけ。服は既製品をちょっぴりリメイクするだけで、断然、可愛くなります。

娘の古くなったＴシャツをワンピースに

さくらが着古したＴシャツは、パッチワークのスカートを縫いつけてワンピースに。胸もとのヨーヨーキルトは、シミ隠しでもあります。

エプロンに ワンポイントを

「無印良品」のリネンのエプロンには、同じ素材のランチョンマットでポケットを作って。ステッチもポイントに。

C

chapter V

物づくりこそ、私のライフワーク

作家として生み出したもの
これから挑戦したいこと

子供のころ、お米の粒に絵を描くのが得意でした。
ちっちゃな物づくりがずっと好きで
大人になってからは
アクセサリー作家としても活動しています。
最近、新たに好きになったミニチュア製作のことから
作家としてのイベント活動までを
少しだけご報告します。

きゃしゃな背もたれが特徴的な椅子は、ミニチュア家具のモデルにもなりました。

ドールハウス製作

Doll house making

イベントのために、初めて販売用に作ったドールハウス。女性の憧れを、小さな〝アトリエ〟に詰め込みました。

子供のころからミニチュアが好き。
独身時代はキットで作っていたけれど
娘の成長を見ているうちに
ゼロからの製作に挑戦したくなって。

出発点は
このデスク

小学校３年生のときに、両親に買ってもらったライティングデスク。これが、ドールハウスに興味をもつきっかけに。

1 奥から、２階建てアパート、ケーキ屋さん、ガーデン小屋…。娘用に作った作品は、街並み風に並べられるまでに。2 ドールハウスのおかげで、親子で遊ぶ時間がふえました。ミニチュアのケーキは、さくらも作れるんです。3 ケーキやパンは、樹脂粘土や紙粘土で作ります。バナナの種をアクリル絵の具で描くなど、ほんの小さな部分にも神経をくばって。

子供のころ、外出先で出会ったミニチュアのライティングデスク。手のひらサイズの小さな家具にひと目ぼれした瞬間、「大人になったら、このデスクが置けるドールハウスを作ってみたい」と強く思ったことを覚えています。

初めて作ったのは、18歳のとき。姪《めい》っ子のために、キットを組み立ててあげました。それからずっと、ドールハウスへの思いを封印していましたが、結婚して娘のさくらが生まれてから、再び製作意欲がわいてきて。ひとり遊びできるようになったのをきっかけに、独学でもいいから作ろうと思ったんです。

以来、家事の合間やさくらが昼寝をしている間に、デザインを考えたり、ハウスやミニチュア家具を組み立てたり……。庭の芝生にスポンジを代用するなど、自己流のアレンジも多々ありますが、ともあれ、ミニチュアの製作にすっかり目覚めてしまいました！

今度は、大人も楽しめる
ミニチュア製作に目覚めました。
大好きなフレンチインテリアを
ギュッと小さな世界に凝縮させて。

電球を取り付けたので、正面ドアから中をのぞき込むと、あたたかな照明に誘われるような錯覚に陥ります。

アンティークショップは、リビングの食器棚に納まるほどのサイズ。白い外壁は、漆喰風の壁紙で表現しました。

ただただ楽しくて、ケーキ屋さんやガーデン小屋などの素朴で可愛いミニチュアを作っているうちに、新たな考えが浮かびました。今度は、アンティーク風のシャビーシックな世界を作ってみたいなって。

モデルにしたのは、実際にわが家に置いてある家具たち。デザインだけでなく、アンティーク調の風合いまで、ペイントで再現しました。フレンチアンティーク風のミニチュアを作りつづけて、点数が50点を超えたころにアンティークショップを製作してみようかと。

洋書の好きなページを研究して、イメージしたのは、パリの街角に立つ小粋《こいき》な店。黒い窓枠が目印のシックな店構えにしたら、ちっちゃくなって入りたくなる可愛さに！

作れば作るほど、ドールハウスの奥深さを実感。これから先はじっくりと時間をかけて、あらためて基礎から勉強して取り組みたいです。

店内に並べたスタンド照明のシェードは、小さな紙を丸めて製作。床材には、コルクっぽい壁紙を代用しました。

定規を使わず、〝指寸法〟で作った家具はゆがみもあるけれど、それぞれに愛着があります。

こんなものを材料に使っています

1

2

1 ガーデンチェアのビスは、ビーズで表現しました。アクセサリーパーツは、ドアの取っ手など、家具の部材として重宝。2 さくらが好きなアニメのお菓子箱でジャグを作っちゃいました。ストッキングの台紙も適度な硬さで便利です。ほかにも、竹串でアイアンフェンスを作ったり、工作用の細い木を家具の飾り板にしたり、代用品はいろいろ。

簡単ミニチュアで おしゃれカード作り

ミニチュア家具をゼロから組み立てるのは
ビギナーの方には少々、ハードルが高いもの。
そこで、小さな世界の可愛らしさを楽しめる
カードの作り方をご紹介しましょう。
グリーティングカードやギフトカードとして
大切な人に贈ってみてはいかがですか？

用意するもの

極細の木材や工作用の木のパーツなどを適宜、無地のカード、カードに貼る画用紙や英字新聞を適宜、額縁用の絵に使う写真の縮小コピー適宜、カッター、木工用ボンド、そのほか水性塗料や絵の具用の筆、インテリア雑誌の切り抜きなど。

Step 1 デスクを作ります

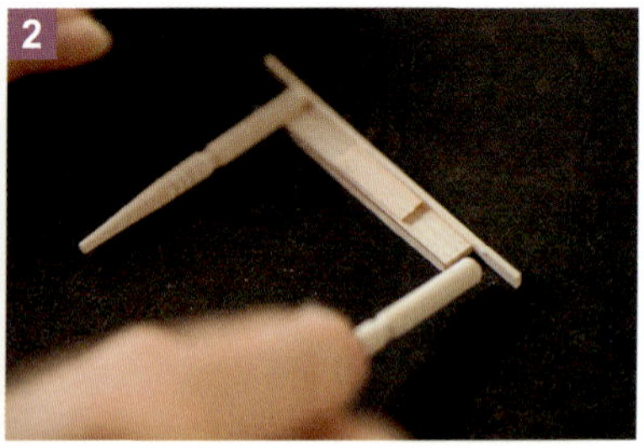

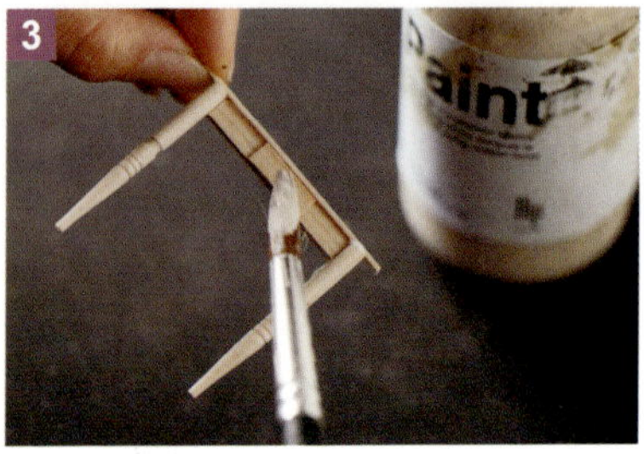

1. 木材をカッターで切り出し、引き出しと天板部分をボンドで接着する。
2. 工作用の木のパーツなど、脚部分を接着。
3. 好みの色を塗り、乾かす。

Step 2 フレームを作ります

1. 木材をカッターで切り出す。このとき、両端を斜め45度に切るのがコツ（各木材は台形になるように）。
2. 好みの色を塗り、乾いたら、ボンドで組み立てる。

Step 3 カードに貼ります

1

2

1. カードよりひと回り小さくカットした画用紙を、カードの表紙に貼る。

2. でき上がったミニチュアの配置をシミュレーション。

3. 位置を決めたらカードに貼りつけ、お好みで英字新聞や雑誌の切り抜きを貼る。

3

Finish!

立体感のあるコーナーの表紙が、インテリア好きの友人を喜ばせそう。引っ越しのお知らせや、自宅へのお誘いなどに。

ドアを開けるイメージでカードを開いてみると、中には…。そんな仕掛けを作っても、楽しいですよ！

おもてなし

Entertaining

クリスマスパーティ

クリスマスはリビングを開放して
ホームパーティを開きます。
造花や100円均一ショップの食器で
パリの小粋なビストロ風に。

クリスマス時期は、ダイニングテーブルをリビングへ移動。グレーを基調に整えた空間で、何回かのパーティを楽しみます。

シーフードマリネや素揚げ野菜のトマト詰めなど、彩りを考えました。淡水パールのナプキンホルダーも、クリスマス気分に。

食器類には
100円ショップのものも

「私の部屋」で手に入れた1000円台のプレートを、籐の皿に重ねて。上に置いたグラスは、100円ショップで購入。

フェイクのぶどうは
彩りに便利

ウエルカムドリンクのコーナーには、フェイクの花や果物をアレンジ。少し価格が高めでも、長い目で見ればリーズナブル。

子供時代のクリスマスの晩は、ほとんど外食でした。わが家は普通の家庭だったけれど、母は私たち娘３人をレストランに連れ出して、テーブルマナーを教えてくれたものです。今、私自身が自宅で行うクリスマスパーティのテーブルコーディネートは、そのときに見聞きしたことが影響している気がします。

特に、娘が幼稚園に入園してからは、ママ友達をわが家にご招待する機会もふえたので、以前にも増して、落ち着いた雰囲気にするのが好きに。たとえば、100円ショップのガラス食器を使いつつも、母から借りた銀製のカトラリーを合わせてみたり、手作りしたグレーのテーブルクロスを敷いてみたり。

そんなテーブルに、ピンク色の花が入ると華やいで、お客さまにとても喜ばれます。赤&緑の定番カラーではなく、クリスマスでもフレンチシックにまとめるのがわが家流です。

おうちカフェ

「たまには大人だけで話したいね」
そんなママ友達のリクエストには
〝ワンプレートランチ〟がベスト！

高さのあるコンポートプレートに小皿をまとめたり、キャンドルを灯《とも》すなど、ちょっとした工夫も大切です。

ときどき
子供カフェも
開きます

子供同士も、スイーツデコレーションをとおして仲よくなって。何かに集中してくれたら、親もランチを楽しめます。

ママ友達のなかでも、特に仲のいい友人たちは、ときどきわが家にご招待して、ランチを楽しみます。気の向くままにおしゃべりできるよう、食べやすいワンプレートが基本。特に女性は目でも食事を楽しむから、カフェ風に、１枚の皿に数種類を盛りつけたメニューには、みんな笑顔になります。

さくらが幼稚園のお友達を連れてきたときは、ホットケーキとチョコペンを用意。みんな自由にデコレーションして、楽しそう！

お誕生日会

娘のバースデーは
特製フルーツタルトでお祝い。
家族3人だけのパーティなら
シンプルなメニューでも楽しい！

1 タルトの生地に、色とりどりのフルーツを盛りつけたバースデーケーキ。いちごは、さくらの好物なんです。2 ある年のお誕生日会のテーブルは、白の食器でコーディネート。スープポットは本物のアンティークだけれど、ほとんど1000円台の食器。

娘の誕生日は、特に子供向きにテーブルコーディネートするでもなく、大人に対するのと同じようにお祝いします。もともとプラスチックの食器などは使わせてこなかったせいか、バースデーメニューとしてアンティークポットでスープを出したり、アボカドサラダをガラス器に盛りつけたりしても、さくらは普通にうれしそう。いっぽう、ケーキは思いきり可愛く作ってあげます。キャンドルを吹き消したがるのは、やっぱり子供だなって。

お花見パーティ

おしゃれな包装紙を空き箱に張り
ランチボックスに。
お弁当が可愛くなるうえ
食後はサッと捨てられて便利です。

1 p.73でご紹介した手作りボックスを使って、和洋折衷のイメージでまとめた、春のおもてなしランチ。はし袋も作っちゃいました。2 余ったレザー風の紙と型紙で、ついでにお盆も製作。さくらモチーフのはし置きを添えて、春らしさも演出。

箱遊びの延長で、不要な空き箱を可愛いランチボックスに作り替えることも。お気に入りの包装紙でカバーリングするだけの簡単アレンジで、お花見やピクニックの楽しさが倍増します。料理をおいしそうに見せてくれるうえ、100円均一のミニ皿さえ、中に入れると見栄えがよくなるんです。マドレーヌの空き箱のようなオーバル形のボックスは、おむすび入れにぴったり。もともといらない箱だから、気軽に作れて、気にせず捨てられます。

自宅ショップ

One day shop

玄関から入ってすぐのダイニングには、販売用のアクセサリーだけでなく、おもてなし用のお菓子や飲み物もセット。

Welcome!

当日は午前４時に起きて、準備を整えました。ベランダには、お茶を飲んで休憩できる場所も用意したんです。

出品したのはコチラ!

1 南仏の田舎家風のドールハウスは、１万円以下のお求め安い価格で販売。2 造花をアレンジしたミニブーケは、午前中で売り切れました。奥の多肉植物をあしらった缶は、bear's mammaさんの作品です。3 ピアス、ネックレス、ブローチ…。羽根やレース、布花を使ったようなロマンチックなアクセサリーが、私の定番商品です。

1. Doll House

2. Flower Arrangement

3. Accesory

作家として、初めて開いた自宅ショップ。
部屋のすみずみまで開放して
たくさんのお客さまに
インテリアも楽しんでいただきました。

たくさんのお客さまに大感激！

小さな玄関には、靴が入りきらず…。大阪や宮崎、北海道など、遠方のゲストも多く、感謝の気持ちでいっぱい！

おしゃべりも楽しくて！

みなさん、インテリアに興味津々。手作り家具についての質問が多かったけれど、楽しくおしゃべりできました。

開始早々、11畳のLDKは、すぐに満杯になって。展示されている作品が、みるみる売れていきました。

2012年の初夏、３年間に及ぶ雑誌『私のカントリー』の連載中では初となる自宅ショップを開きました。手作り作家のbear's mamma《ベアズ ママ》さんと、３年前に組んだユニット「Mignon《ミニョン》 ensemble《アンサンブル》」のイベントとして、ブログを通じて参加者を募集したところ、全国から希望者が殺到！　なんとかお客さまを70人に調整したものの、小さな家は一日じゅう満員。

インテリアを見たいという方のために、LDKだけでなく、２階の寝室やベランダも開放しました。開場の午前11時から夕方まで、ひっきりなしに訪れるゲストの方々は、思い思いに見学を楽しんでいるご様子で。雑貨販売はもとより、何より、お客さまとのおしゃべりが楽しくて。ご来場くださったみなさま、本当にありがとうございました。

イベント参加

Events

作家として、これまでに数々のイベントに参加してきました。
なかでも、雑誌『私のカントリー』が主催する
「私のカントリーフェスタ in 清里」は、ペイント教室を開くなど
作品販売にとどまらない初チャレンジの場となりました。

日本ホビーショー DIY部門

日本じゅうのホビー好きが集まる
「日本ホビーショー」。
木工のデモンストレーションは
正直、ドキドキしました。

3日間の動員数は約10万人という「日本ホビーショー」。私も会場内を歩いて、お客さんの熱気を肌で感じました。

編集部ブース前では、木工の実演を。賞状入れでできるショーケースの組み立ては、多くの方に見ていただけました。

小家具の
デモンストレーション

ミニトークショー

トークショーのテーマは、「ガールズDIY」。わが家をスライドで紹介しながら、手作りの楽しさをたっぷりと話しました。

日本じゅうの手作り好きが集まる「日本ホビーショー」。2011年、35回目の節目に初めて創設されたDIY部門に、連載をとおしてつながりのある『私のカントリー』編集部とともに参加することになって。

当日は、トークショーに参加したり、木工作品のデモンストレーションをお客さまの前で披露しました。初めてのことで初日は緊張しましたが、2日目には、司会者との息もぴったりに。編集部ブースには、わが家の手作り家具を展示して、部屋を再現したんですよ。

これと並行して、NHKの『東京カワイイTV』の収録も会場内であったりして、この年の5月から6月は大忙しでした。

私のカントリーフェスタ in 清里

ドールハウスの販売やペイント教室。
初めての経験をとおして
作家として成長できた気がします。

大勢のお客さまでにぎわう「私のカントリーフェスタ」。初めて訪れたとき、清里という空気の澄んだ高地が、会場にぴったりなことを実感しました。

第10回
2010年

編集部のブース前で、ドールハウスの即売会を行いました。集まってくださったお客さまたちと記念撮影を。

第11回
2011年

ペイント教室では、塗料を乾かす間に、わが家のインテリアの話をさせていただいたり。みなさん、熱心に聞いてくださいました。

ピカピカの賞状入れがこのとおり!

独学で習得したペイント術ですが、いつもお問い合わせをいただいていました。この機会に、直接お伝えできてよかったです。

「私のカントリーフェスタ in 清里」には、これまで２回参加させていただきました。初めて足を運んだ2010年は、作りたてのドールハウスを３台、直接お届けに。ありがたいことに購入ご希望者が複数いらして、ジャンケンで決めてくださったのは、いい思い出です。

そして翌年の2011年には、私がこだわってきたアンティーク仕上げのペイント教室を開くことに。約30名の方々に、賞状入れのフレームを素敵に変えるテクニックをお伝えしました。あいにくの雨で、塗料が乾きづらい状況のなか、無事に終了。ほっとしたことを覚えています。初チャレンジの場を与えられ、作家として大きな経験を積めました。

chapter

VI

私のブログ写真より
本業・家事・大切な家族をちょっぴりご紹介します

４年間続けているブログ「natural色の生活」は
私の暮らしの一部になっています。
日々のこと、家族の日常風景、お菓子作りや料理……。
これまでに掲載した数多くの写真のなかから
この本のためにセレクトしました。

堂々としたたたずまいの椅子は、主人の作業デスク用。アトリエに置いてあります。

- アクセサリー
- 料理
- お菓子作り
- 家族

やわらかい色調に染めた布花で、春夏用のイヤーフックを。シックな黒バージョンも人気です。

涼しげな青い花のロングブローチ。シフォンのストールなどと重ね使いすると、可愛い。

天然石や羽根で秋冬らしさを表現した片耳ピアス。エッグスタンドに飾って撮影しました。

布花を縫いつけた甘めのチェーンブレスレットは、デニムなどのボーイッシュな着こなしに。

10年以上前に、友人が作っているのを
見よう見真似で始めたアクセサリー製作。
それがいつの間にか、ブログをとおして
多くのお客さまとの出会いにつながっていきました。
感謝の気持ちをこめて、少しずつ作りためています。

ベビーローズの花を樹脂加工したペンダントヘッド。おそろいのピアスも作りました。

リボンや布をワイヤーに巻きつけ、クリスタルパールできらめきをプラスしたバングル。

クシュッとした質感を出すのには、試行錯誤。白い合成オパールと合わせて、上品な雰囲気に。

長さ13cmのヘアコームに布花をつけた髪飾り。やさしい色みに染めて、春らしさを出しました。

25〜26歳のころに始めたアクセサリー製作。友人から携帯ストラップの作り方を教わったとき、なんとなくコツをつかんで、いろいろと作ってみようと思い立ちました。

ネックレス、ピアス、ブレスレット……。当時は、ある程度の個数ができ上がると、ネットオークションに出品していましたが、うれしいことに、作品を気に入ってくださるお客さまが少しずつふえてきて。その後、友人とショップを立ち上げ、本格的に製作に取り組むようになりました。

作るときは、布花やレースを使ったロマンチックな雰囲気を、ちょっぴり意識。〝どんな方がつけてくださるかな〟とワクワクしながら、乙女な作品に仕上げます。採算度外視で、パーツを多めにつけることもしばしば。作品を可愛くしたい気持ちとお客さまへの感謝の心は、ずっともちつづけたいですね。

ドリンク瓶をかごに入れるなど インテリア好きの友人を意識

花をいけたり、色違いのお皿を重ねたり…。インテリア仲間とのランチは、テーブルコーディネートにいっそう力が入ります。

正月明けの食事会では お重を使ってアレンジしました

ゴーヤーの炒め物やナスの揚げ物など、簡単なメニューでも、お弁当風に詰めて可愛く。ふたを閉めてリボンをかければ完成！

娘も
手伝って
くれるように

野菜の皮むきなど、3～4歳から、さくらも料理をしています。本人がやりたいことは、自主性にまかせたくて。

ふだんの食事からパーティメニューまで
目で楽しめるテーブルコーディネートを意識。
ちょっとした工夫やアイデアが
料理をおいしく見せてくれます。

友人が大勢来る日は
用意が簡単な揚げ物が便利

幼稚園のママたちが集まった日は、みんなでおしゃべりしながら天ぷらを揚げました。揚げ物は手軽にできて、昔から好きです。

急なおもてなしメニューには
パイシートで焼くキッシュが◎

冷凍パイシートで焼き上げるキッシュは、見栄えがよくてボリューム満点。パン用のサワークリームと一緒に盛りつけてみました。

キャンドルの光をはじく
ガラスの器が、特別感を演出

ある年のクリスマスメニュー。100円均一のグラスや、角皿代わりに花器を使いました。キャンドルは、ふだんの夕食でもよく灯《とも》します。

料理も小さなころから好きでした。けれど、結婚してからは、独身時代のように自分の食べたいものだけを作るわけにもいきません。

毎日のことだけれど、家族の健康を考えて、少しでも食事を楽しんでもらえるよう意識しています。たとえば、ごく当たり前ですが、揚げ物のメニューが続かないようにとか、パスタのような簡単なレシピには、パンを数種類添えるとか。ふだんから、食器を重ねて盛りつけているけれど、見た目も満足してもらえるのでおすすめ。夕食ではキャンドルの炎も、雰囲気を盛り上げてくれます。

新しいレシピは、インターネットでチェック。特に、ママ友達やインテリア好きの友人をもてなすとき、料理サイトは役立っています。時間や材料費がかかるメニューより、オーブンで焼けるような簡単なものにして、いかに可愛く盛りつけるかがポイントです。

おなかも心も満たしてくれる　**焼き菓子**

- アクセサリー
- 料理
- お菓子作り
- 家族

にこちゃんマフィン

タネの表面にチョコレートで顔を描き、焼き上げたマフィン。材料の混ぜ合わせは、さくらにまかせました。

こんもりいちごのショートケーキ

市販のスポンジケーキに、生クリームといちごをたっぷりと盛るさくら。子供ならではのラフさが、いい感じ！

夢は
パティシエ！

2歳ごろからお菓子作りにも興味津々のさくら。幼稚園では、将来の夢は〝パティシエ〟と言っているみたい。

〝マーブルチョコ〟のお菓子の家

家形のジンジャークッキーにアイシングを塗り、さくらが〝マーブルチョコ〟で仕上げて。1週間、部屋に飾りました。

娘と一緒に楽しむのは
ペイントだけではありません。
楽しいお菓子をいろいろ焼いているうちに
ミニチュアも作るようになりました。

想像上のお菓子を自由に表現できる　ミニチュア

フルーツケーキ

ケーキの粉砂糖は、白い絵の具で表現。手前のアップルパイは、粘土の生地を編み込むなど、質感にこだわりました。

アイシングのケーキ

着色したニスで、アイシングの風合いを出して。奥のラウンドボックスは、フランス菓子の詰め合わせです。

パンいろいろ

フランスパンにクロワッサン、ベーグル…。バスケットに入れるより、棚に飾ってみたら可愛いだろうなって。

カラフルマカロン

マカロンでも有名な「ラデュレ」の世界を凝縮！　この小さな箱の一つひとつに、超ミニマカロンが入っているんです。

わが家のお菓子作りはもっぱら、さくらと一緒。材料をボウルで混ぜ合わせたり、クッキーの型抜きなど、工作感覚でできる簡単な作業はさくらにまかせてきました。火の扱いも少しずつできるようになり、5歳の今では、ホットケーキが焼けるようになって。

私自身、幼いころに2人の姉たちとお菓子作りで盛り上がったことをよく覚えていますし、こういった楽しい経験が、さくらの記憶に刻まれたらいいなぁと思っています。

いっぽう、趣味のミニチュアでも、お菓子作りに凝っていて。街のケーキ屋さんで気になったケーキを、樹脂粘土やペイントで自分なりに表現しています。最近は、フランスの老舗洋菓子メーカー「ラデュレ」のマカロンに夢中！　私よりも整理整頓が得意なさくらが、米粒のようなマカロンを、小さな箱にきれいに詰めてくれて助かっています。

即席の〝秘密基地〟

傘にシーツをかけたら、その中でおしゃべりをしたり…。私が子供のときに楽しかったことを、やってあげました。

恋人同士!?

ある日、帰宅すると、ベランダで談笑する主人とさくらを発見。ほほえましい光景に、思わずシャッターを押しました。

よく遊んだ段ボールハウス

段ボールを組み立てて作った家は、さくらがペイント。たためるので、リビングに持ち出しては、よく遊んでいたっけ。

ベランダガーデンでお昼寝

風と緑が心地いいベランダガーデン。シャボン玉で遊んでいたさくらですが、気がつくとすっかり夢の中へ…。

日々、いろいろなことを吸収して
成長していく娘の姿に
私も主人も目を見張るばかり。
家族みんなで、これからもたくさんの
素敵な思い出をつくっていけますように。

湘南の海にて

11月某日。天気がよかったので、湘南の海までドライブ。浜辺でさくらがびしょぬれになったのも、いい思い出。

仲よしこよし

ベランダにスズメが迷い込み、面倒をみたことがきっかけで、セキセイインコを飼うことに。さくらとは大の仲よし。

一緒にペタペタ

私がDIYする姿を見て育ったさくらは、自然とハケを握るように。大きな棚のペイントも、手伝ってくれました。

明日もいいこと
あるかな？

夕暮れ時、ベランダに出ると、空にはきれいな虹が…。家族を呼んで、一緒にささやかな幸せを共有しました。

結婚して、娘が生まれてからは、毎日がさくらを中心に回るようになりました。日中は家事の合間に、娘を幼稚園に送り迎えしたり、遊び相手を務めたりして、大好きな模様がえや趣味に割ける時間は、ほとんどありません。それでも、いつの間にか、料理を手伝えるまでに成長した娘の姿を見ると、やっぱりうれしくて……。いつも新しい発見があるから、主人ともども、子育てって楽しいねって。

いっぽう、私自身の時間は朝が勝負。毎朝5時に起床して、家族が起きる7時までの間に半身浴でリラックスしたり、趣味を楽しんだり……。そうしてすごしたら、朝食を作り、家族を送り出して、また日常へと戻ります。

わが家の毎日は、ごくごく普通。だからこそ、なにげない幸せを家族で分かち合える場所、住まいを整えることは大切にしたい――インテリアは、これからもいろいろと挑戦します。

『私のカントリー』の連載の撮影のためにしつらえたクリスマスディスプレイ。カラフルなボールは、パリのイメージで。

Epilogue 終わりに…

このマンションに住みはじめてから５年間
特に『私のカントリー』の連載が始まってからの
３年間は、いろいろなことに挑戦してきました。
撮影が背中を押してくれたこともあり
わが家のインテリアは劇的に変わりましたが
その間も、一家の主婦としての役割を果たすことが
いちばん大切だったことは言うまでもありません。

模様がえや手作りにいそしむのは
家族がまだ寝ている、早朝や娘が幼稚園に行っている間のみ。
そう決めて、コツコツと積み重ねてきたことを
こうして一冊の本にまとめられて、とても感慨深く思います。

途中、うまくいかないこともありましたが
そのつど、家族や友人たちに支えられて
ここまで来ることができました。
大切な人たちへ「ありがとう」の気持ちを伝えるとともに
この本を手にしてくださった方お一人お一人にも
心からの感謝を申し上げます。
いつか、このマンションとお別れする日が来て
どこかに越してもまた、模様がえを楽しんでいるはず。
インテリアに、終わりなどないのですから……。

本書は、『私のカントリー』No.72 ～ 79 に連載した「小さな幸せ見つけた」と、No.80 ～ 83 に連載した「私のおしゃれアイデア帖」の記事をもとに、大幅に新規取材を加えて、著者の執筆により再編集しました。

佐藤貴予美の
DIYで実現するフレンチインテリア

著者　佐藤貴予美

編集人　山岡朝子
発行人　江原礼子

編集　吉田奈緒子
デザイン　栗山エリ（ameluck + i）
撮影　飯貝拓司　その江　枦木 功
木谷基一　宗田育子　宮濱由美子
林ひろし　小林雅之　山口敏三
イラスト　坂井きよみ　長岡伸行　シホ
校閲　別府悦子
進行　福島啓子

発行所　㈱主婦と生活社
〒104-8357 東京都中央区京橋 3-5-7
編集代表　☎ 03-3563-5455
販売代表　☎ 03-3563-5121
http://www.shufu.co.jp

印刷所　凸版印刷株式会社

製本所　株式会社若林製本工場

ISBN978-4-391-14255-6